格局养育

王佳＿著

北方联合出版传媒(集团)股份有限公司

万卷出版公司

图书在版编目（CIP）数据

格局养育 / 王佳著. –– 沈阳：万卷出版公司，
2021.10
ISBN 978-7-5470-5736-0

Ⅰ．①格… Ⅱ．①王… Ⅲ．①家庭教育 Ⅳ．①G78

中国版本图书馆CIP数据核字(2021)第174021号

出版发行：北方联合出版传媒（集团）股份有限公司
　　　　　万卷出版公司
　　　　　（地址：沈阳市和平区十一纬路25号　邮编：110003）
印　刷　者：唐山市铭诚印刷有限公司
经　销　者：全国新华书店
幅面尺寸：145mm×210mm
字　　数：120千字
印　　张：5.5
出版时间：2021年10月第1版
印刷时间：2021年10月第1次印刷
责任编辑：齐丽丽
责任校对：张兰华
策划编辑：马剑涛　董丽艳
封面设计：季晨设计工作室
ISBN 978-7-5470-5736-0
定　　价：36.00元
联系电话：024-23284090
传　　真：024-23284448

序

对很多父母来说，当下正处在一个焦虑而多变的时代，虽然你很爱自己的孩子，并希望能尽自己最大的努力养育好孩子，但你的教育观念、亲子关系却受到前所未有的挑战与冲击。越来越多的孩子从娃娃起就被卷入残酷的竞争中，甚至很多孩子学有所成反而迷失了自我，这背后折射出更为本质的问题。

自孩子降生的那一刻起，父母的角色就自然而然地确立起来。不过，很多父母却身在其中而无知懵懂。鲁迅先生认为中国中流的家庭，教育孩子大抵只有两种方法。一种是任其骄横，结果家庭中完全没有规矩和限制，孩子就像一艘无舵的船，在大海中随风漂流；另一种是父母终日对孩子苛刻、指责，孩子看似听话懂事，可是他的生命也就此被禁锢了。以上两种教育孩子的方法都不可取。

在为人父母这个领域中，尽管不需要接受任何培训或取得什么资格，但孩子的人生，其实拼的就是父母的格局。观察那些真正优秀的孩子，你会发现，他们的优秀并非横空出世的奇迹，而是有迹可循的。优秀的因，是家；优秀的根，是父母。

在养育孩子的过程中，父母的人格、眼界、认知和视野，都会像基因和样貌一样润物细无声地深入孩子的骨子里。也许你给不了孩子优渥的生活，也许你不博古通今，但是在孩子前行的道路上，你的格局越大，孩子的可能性就越多。

每个孩子来到这个世界，都有其独特的天赋和本性。当他们开始体会自己想成为什么样的人时，有格局的父母从来不会打着"为你好"的名义把自己的意愿强加给孩子，不会随意扼杀孩子的梦想；相反，他们会努力让孩子享有身为自己的权利，并在孩子身上注入滋养和成全的力量。

在与孩子互动的过程中，有格局的父母不会总是将爱挂在嘴边，而是能够放下居高临下的姿态，耐心倾听孩子的心声，用自己的生活感悟来引导孩子。看似简单的一句话，也许就能激发孩子的无限潜能。这又何尝不是父母对孩子的爱呢？

为人父母，只有先把自己的脚垫高，孩子才能站在你的肩膀上眺望远方。特别是在当下这个教育内卷、急功近利的社会，父母的格局就是孩子成长的底色。

本书融合了世界前沿科学教育理论与养育理念，能够帮助每一位焦虑迷茫却依然心怀愿景的父母，学会用格局的视野深度解读和认真梳理孩子从出生到18岁这一成长过程中将会遭遇的种种挑战和养育难题。

　　本书犹如一面镜子，能教你在照见自己、洞察自身问题的同时，看透养育的本质，并指导你如何与孩子建立亲密的联结，从而化解内心的焦虑与困惑，与孩子彼此促进，共同成长。

　　无论你是新手父母，还是你的孩子正值青春叛逆期，又或者你是来自特殊家庭的父母，本书一定能为你卸下一些包袱，带来一些启发。相信更多的父母与孩子会因本书而彻底改变他们的人生。当然，如果你的孩子尚且年幼，那么你努力得越早，亲子之间建立的纽带就会越牢固。

目录

Part3 内驱力

做智慧型父母，赋予孩子自我成长的力量

Part4 情绪管理

父母能为自己的情绪负责，就是对孩子最好的教养

Part5 语言的力量

父母与孩子的沟通方式，就是孩子未来与世界的沟通方式

Part6 关键时期的养育

让教育回归理性与从容，做智慧父母

Part1　关系

最好的亲子关系，莫过于相互成全

　　每个孩子从出生起，与父母的关系就是他与所有人关系的基础。孩子进入社会后，与任何人、任何事有着怎样的关系，基本上都能从他与父母的关系中找到线索。

好的亲子关系，是一切养育的基础

一般来说，一个能够在爱与自由、规则与平等的环境中成长的孩子，往往是快乐而健全的，而他所在的家庭遇到的教育问题通常也不会非常严重。只要父母能够尊重孩子，理解孩子不同年龄段的心理特点，就能有效地帮助孩子成长。特别是在当今教育问题越来越严重的形势下，要想让孩子拥有幸福、快乐的童年，恐怕没有什么能比和谐的亲子关系更重要的了。

可是，仍然有很多父母陷入养育陷阱而不自知。也许他们很爱自己的子女，并希望能为他们提供最好的条件。但事实上，不少父母都存在一个教育误区——重视教育，轻视关系。

比如，很多父母打心底希望自己的孩子有主见、有判断力，但是这些父母又是在权威中长大的，他们对子女的教育往往会沿袭自己父母的老路，这样对孩子的禁锢又产生了。结果，孩子不能如父母所愿般成长，而父母则认为自己对子女的付出与回报远远不成正比。久而久之，在这种对抗中，亲子关系也变得越来越差。

事实上，孩子一出生，就是一个具有独立人格的"社会人"。因此，他们需要与理解、鼓励和支持他们的成人，特别是父母构建联系。当孩子感受到来自父母的尊重、理解和支持时，他们的智力和情感才能得到良好的发育，而且这对培养孩子的共情能力、情绪调节能力以及决策能力等都会起到不可忽视的作用。正如教育家斯宾塞所说："当孩子感受到被爱、被信任时，奇迹不久就会出现在你眼前。"

反之，如果孩子置身于苛刻、严厉的亲子关系中，不仅会使他们的心智发育受阻，还会使他们产生焦虑、抑郁或是好斗的心理，还会增加他们在学习方面的困难，甚至可能使他们长大后出现暴力、不合群、沉迷游戏等异常行为。

毫无疑问，和谐的亲子关系是影响孩子健康成长的重要因素，而且我们也钦佩那些对孩子充满同理心，鼓励孩子说出自己的想法，激励孩子去探索、去发现的父母。但是父母必须认识到为了孩子能健康成长，为了建立真正高质量的亲子关系，仅做好这些还不够，还需要做到以下四点。

第一，尊重孩子的个性。每个孩子都是一个独立的存在，父母应以平常心对待孩子的成长与发展。为此，父母不能放大孩子的缺点，而忽略孩子的优点。不要拿自己的孩子和别人家的孩子做一些消极、负能量的比较。这些做法都会给孩子带来很大的压力，并让孩子自我否定。父母对孩子的个性给予无条件的尊重，孩子才能更好地发展自身的优势。

第二，亲子共处时，无论是读书，还是玩闹，只要你付出真心，孩子自然能感受到父母的关爱。从小被父母关爱长大的孩子，内心会充满爱，也更容易培养出良好的品质和学习习惯。相反，父母一边陪伴一边做自己的事，孩子表现不好就失去耐心，给予孩子的回应太少而说教很多，则不利于亲子关系的培养。

第三，无论你的孩子是喜悦的还是难过的，都不要太快采取行动，而是要学会接纳孩子的行为，用心倾听孩子的感受，了解他们的真实想法。否则，一个得不到他人重视与理解的孩子很可能会突然情绪爆发，让亲子关系陷入困境。

第四，当孩子所做的事情值得你肯定与鼓励时，一定要让他们感受到。一句"看到你这么努力，我真为你感到骄傲"看似普通，却能激发孩子将内心的喜悦与成就感源源不断地注入生活中。无论将来的日子是平凡的还是非凡的，他都能带着这股动力，发现更好的生活、更好的自己。

父母与孩子就是人生旅途中的伙伴，只要父母愿意敞开心扉，放下心中的期望、权威与控制，在每一个当下都能与孩子和谐相伴，那么，在与孩子的互动过程中，就能一起获得进步与成长。

幸福的家庭，夫妻关系一定高于亲子关系

从孩子出生的那一刻起，很多父母就把孩子放在第一位，认为他们理应被好好爱护。于是，整个家庭的运转，都是以孩子为中心的。可是，当父母作为丈夫或妻子的属性越来越弱，亲子关系凌驾于夫妻关系之上时，越来越多的父母变成了"孩奴"，不仅自己的婚姻生活过得了然无趣，孩子也会因自己有一个全能的爸爸或妈妈而变成"巨婴"。

相反，如果夫妻关系是家庭的核心关系，亲子关系只是配角，这样的家庭必定会稳如磐石。在这样的家庭中，夫妻之间彼此尊重、相互理解；能耐心地倾听爱人的表达；能站在对方的角度，感受对方的情绪；即便遇到困境，也能尽力维护稳固的亲密关系。

天长日久，当孩子看到父母相亲相爱、琴瑟和鸣，他们也能学

会怎样去爱一个人、去爱一个家庭。父母有着积极的人生态度，孩子与他人以及社会的联结也会是积极的。可以说，夫妻关系的质量直接影响着孩子将来会成为怎样的人。在这种父母恩爱的家庭中长大的孩子，自然能闪耀出独特的光芒，拥有创造幸福的能力。

1962年的一天，钱锺书和杨绛带着女儿钱瑗去饭店吃饭。吃饭的时候，杨绛发现女儿总是盯着周围的顾客看。

杨绛觉得这样不太好，就问钱瑗："你为什么总是盯着别人看啊？这样不好。"

钱瑗却认真地对妈妈说："妈妈，那个男孩儿的父母为了吃米饭还是吃面条争执了半天；妈妈，那个女孩儿的父母也在拌嘴。"

钱瑗停顿了一下，轻声细语地说："妈妈，我特别感激你和爸爸，让我从小就知道好的感情是什么样的。在我的印象中，你们一直都是那么的相亲相爱，我觉得自己真的是非常幸运。"

钱瑗虽然一生坎坷，但她与心爱之人所组建的两段婚姻却幸福美满。特别是在她的第二段婚姻中，面对正值青春期的继子女，她依然能用自己的爱"征服"对方，而这一切无不与她从父母身上学会的爱的能力有关。

父母做好自己，努力过好自己的生活，就是送给孩子最好的礼物。相反，如果夫妻之间总是矛盾重重，那承接双方压抑、焦躁等负面情绪的人也只能是孩子。孩子不仅得不到该有的照顾和鼓励，累积已久的怨恨与愤怒也会占据他的情绪高地。甚至于，孩子为了维护父母关系的平衡，还可能成为父母矛盾的替罪羊。久而久之，这样的无力感会压得孩子对生活彻底绝望，难以培养出健全独立的人格。

特别是当家庭出现"争吵""出轨""单亲""分居"等敏感的字眼时，必定会给本就脆弱敏感的孩子带来不可估量的影响。透过父母之间的抱怨、指责，甚至是怨恨，他们能真切地感受到家庭风暴带给他们的压力与紧张。为了调适父母的冲突，为了迎合父母的需要，这些孩子往往不得不压抑自己的需求与感受。

这里，并非要指责那些无视孩子内心感受的父母，毕竟很多时候他们可能已经尽力了。只是希望那些已经或是正在陷入僵局的父母能找到一种更适合彼此的相处方式。这样，不仅夫妻双方能从日常的相处中感受到来自对方眼里的光，而且更能为孩子的身心健康成长提供一个良好的环境。

如果夫妻关系出现不可弥补的裂痕，或是已经终结，也要积极地关注并理解孩子在情感、情绪上的变化，同时给予孩子积极的回应。在夫妻生活中，孩子也许只是其中的一部分，但在孩子的生活中，父母可能是他们简单世界里的唯一。

请认真思考一下，你对自己的家庭生活感到满意吗？你对自己的伴侣满意吗？也许很多父母从未认真思考过这个问题，只是觉得自己被琐碎的家庭生活束缚了，满意也罢，不满意也罢，都是无法改变的现实。

但无论怎样，请认真对待并呵护好你与伴侣的当下关系。诚如每一段关系都有它的曲折与不易，夫妻关系也不例外。但是与那些陷入僵局的问题相比，恐怕没有什么能比爱孩子更重要的了。

亲子关系中，母亲是孩子的第一任老师

　　在养儿育女的日子里，父母双方都经历着各自身份的转换。如果说父亲是男人最重要的工作，那么母亲就是女人最神圣的天职。正如著名教育家福禄贝尔所说："国民的命运，与其说是操在掌权者手中，倒不如说是握在母亲的手中。"

　　在漫长的孕育期里，母亲和孩子之间建立起了一种深层的亲密关系。母亲不仅经历了身体上的神奇变化，也体会着初为人母的奇妙和快乐。对于一个刚出生的孩子来说，母亲就是他的全部世界。母亲对他微笑，就是全世界对他微笑；母亲为他歌唱，就是全世界为他歌唱。可以说，母爱是人世间最伟大的力量。相反，如果一个孩子在成长的过程中，没有得到母爱，即使他的物质生活非常富足，也会因为缺少母爱而失去生命的活力。

作为母亲，不仅是为孩子付出最多的人，也是对孩子产生影响最大的人。如果一个母亲对待生活积极进取，那么她的孩子必定乐观开朗；如果一个母亲内敛稳重，那么她的孩子做事肯定脚踏实地；如果一个母亲善解人意，那么她的孩子也一定通晓事理。可以说，母亲的素养、言行会潜移默化地感染孩子。对孩子来说，母亲就是他人生中最初的导师。

但是，大多母亲在与孩子相处的日子里，随着自己身体、情感、精神上的消耗，开始对自己的身份感产生疑问，她感到自己的生命似乎不再完全属于自己。虽然她感到自己的生活有了全新的目标，但却仅限于母亲的责任。特别是当她看着一天天长大的孩子、事业上节节攀升的配偶，更加极力渴望拥有一种独立于孩子、家庭之外的身份感。

毫无疑问，在教养孩子的过程中，母亲的第一任务是和孩子建立亲密的关系，呵护孩子的成长。但是，母亲更需要认真对待自己的第二个任务：照顾好自己。母亲越是能好好地照顾自己，越有能力照顾好周围的人，尤其是自己的孩子。

每个母亲都想做一个合格的妈妈。但是若非切身经历，谁也无法真正理解妈妈这一特殊角色所要承载的复杂情感和焦虑。不过，无论怎样，当你不得不面对一团糟的生活，不得不面对孩子的情绪与成长问题时，仍然要努力成为一个有格局的母亲。

作家莫言在领取诺贝尔文学奖时，发表了这样一段获奖感言："我这个人生来就相貌丑陋，为此，没少被村子里的人嘲笑。当时，在我念书的学校里，有几个蛮横无理的同学，他们甚至还为此故意打我。

"记得有一次，我又挨了这些同学的打。回家后，一脸痛苦的表情。母亲看出了我的心思，温和地对我说：'儿子，你不丑，你不缺鼻子，也不缺眼，四肢健全，丑在哪里？一个人只要心存善良，多做好事，即便长得丑点儿，也能变美。'

"后来我进入大城市，依然有一些人在背后嘲笑我的相貌。这让我想到了母亲当年说过的话，便心平气和地看待这件事情。"

人们常说不要让孩子输在起跑线上，但是当你还在傻傻地给孩子拼起跑线的时候，真正有格局的母亲早已意识到，母亲才是那条真正的起跑线。

莫言的母亲虽然没有接受过高等教育，但是面对孩子时，她却能态度温和，浑身散发着母性的光辉。这样的母亲能看见孩子的情绪，理解并接纳孩子的情绪，进而看到孩子的需求。而当一个生命被看见时，他体内隐藏的美好力量就会被唤醒，进而收获自我的成长与超越。可以说，每一个优秀的孩子背后都有一个有格局的妈妈。

养育是一场修行，也是母亲不断提升自我格局的过程。有格局的母亲，懂得包容生活的残缺，学着接纳自己、接纳孩子；有格局的母亲，必定是一个富有智慧的母亲，她知道如何在孩子、家庭、工作之间切换，找到自己与家庭的最佳平衡点。母亲的格局越大，孩子的未来就越明朗，离幸福也就越近。

事实证明，一个家庭的物质财富总有用尽的时候，而精神财富才是真正的永恒。有格局的母亲无疑能为自己的孩子展示出一个精神富足、人格健全的母亲角色。这样的母亲会教孩子如何在成长中学会思考、在迷茫中找准方向。从某种意义上说，母亲的格局决定了孩子在未来社会的高度。

与原生家庭和好，让亲子关系更和谐

也许你年幼的时候，像所有孩子一样，会把父母的认可、鼓励，当然也包括父母的批评、指责，当作是衡量自己好坏与否的唯一标准。与此同时，你也几乎从未将自己成为父母后不得不面对的难题和挑战与自己的父母联系起来。然而，无论怎样，你与父母的关系终将对你的生活以及你所组建的新家庭产生重大的影响。

无论父母在孩子的心里种下怎样的种子，都会随其一同成长。如果父母种下的是爱与尊重的种子，就会点燃孩子心中独立、自由的火种；如果父母种下的是焦虑、伤痛的种子，孩子很可能就会长成荒芜凋敝的"杂草"，即使在事业、人际或家庭生活中已经受损也全然不知。

曾经有这样一个热门新闻:

北大毕业生、留美高才生王猛,在网络上细数多年来父母犯下的种种"罪行"。

王猛对数学感兴趣,母亲却极力反对;王猛想要调换学校的座位,父亲却朝他大声吼叫:"为什么学校就要优待你呢?"当王猛的一个亲戚当众嘲笑他时,父母却一致站在他的对立面,讥讽他:"你都不看看自己什么样?"

正是因为王猛在原生家庭中受到太多这样的压抑,在一个阖家团圆的日子,他用一封决裂书彻底撕裂了与父母的所有联结。

儿时经常被过度宠溺或是被沉重的负罪感所累的孩子,成年后往往会表现出惊人的相似之处:自尊心严重受损,觉得自己一无是处,不值得被喜欢与认可。

由于孩子缺乏足够的辨别能力,对这个世界的认知就像是一张白纸,如果父母总是给孩子灌输他不如别人的思想,在之后的很长时间内,他就会觉得自己不如同伴,认为自己的能力和潜力不如别人。当他面对任何问题时,都会缺乏勇气和信心。即便能做好的事也会因为没有自信而自暴自弃。

个体心理学也证明,在孩子所犯的每一个错误中都能看到原生家庭的影响。如果孩子在生活中总是一副懒懒散散的样子，一定是因为有人经常把他照顾得无微不至；如果孩子撒谎成性，往往是因为父母过于专制，为一些小事呵斥孩子，结果只会让孩子用谎言掩饰不足。

诚然，未必所有的父母都能满足孩子所有的情感或物质需求，你也不得不承认父母难免有不足之处，偶尔会有不当的过激行为，但有一个事实是毋庸置疑的：无论今天你与父母的关系如何，无论每一代家庭上演的戏码多么不同，但那些糟糕的亲子相处模式最终导致的结果却是惊人的相似——成年后的你仍然会继续背负着父母留给你的扭曲的负罪感以及深深的痛苦与折磨。更重要的是，由此引发的自我价值感和自信心的缺失会给你的家庭生活，尤其是给你的后代，带来不可控的影响。

为此，已经为人父母的你需要走出过去的情感盲区，认真审视你的父母曾经或是至今仍在给你造成的伤害与负面影响。只有努力打破这种恶性循环，才可以保护你的子女免受你成长经历中所受"管教"的荼毒。

虽然时刻保持警惕很可能让你再次陷入过去的伤痛而难以自拔，但为了治愈未解的心结，为了让你的子女避免受到旧有模式的伤害，你需要克服内心的逃避。同时，为了让自己有个好的开始，你需要具备一定的控制自身情绪和冲动行为的能力，并随时为那些可能一触即发的生理反应找到积极的可替代的方法。如果你还是忍不住以同样的方式对待你的孩子或是配偶，就应该及时寻求专业心理医师的帮助。

毫无疑问，这将是一个漫长且充满波折的修复童年伤痛的过程。但是当你发觉自己不再重蹈父母昔日的覆辙，不再莫名地烦躁、愤怒或是焦虑，可以坦然地接纳过往、平静地面对眼前的困境时，你将看到一个不同于以往的自己。而你身上发生的这些变化，无疑会成为改变孩子命运的强大力量。人的发展持续终生，无论你何时开始反思自己、反思自己与父母的关系都为时不晚。

养育孩子最好的状态，就是父母和孩子一起成长

　　从每个新生命呱呱坠地的那一刻起，几乎所有父母都希望能有一本养育秘籍可以引导自己步入这个"美好的新世界"，并指引自己探寻到需要的答案。毕竟，对于过惯了自由、平静日子的新手父母来说，没有什么事情能比得上养儿育女带来的不知所措来得现实。

　　在养育孩子的早期，所有父母面临的最大挑战就是学会如何和纸尿裤、号啕大哭以及一口口的喂养打交道。随着孩子慢慢长大，几乎所有父母从起床起，就会感到些许的紧张与不安，不知道喜怒无常的孩子这一天又会闯出什么祸。孩子进入青春期后，父母又发愁于如何恰当地回应他们在情感、心理以及精神上的需求。

　　与此同时，在今天这个信息爆炸的时代，每时每刻都有大量碎

片式的养育秘籍通过书本或网络等媒介向我们涌来。虽然我们生活的世界发生了翻天覆地的变化，但很多父母却真切地感到自己的知识储备依旧少得可怜。很多父母常常是一边抱怨越来越白热化的拼娃时代，一边不加甄别地将育儿信息全盘吸收。

正如我们所知道的那样，要想取得驾照，就得通过驾驶考试。事实上，生活中的大多数工作都需要取得相应的资格。然而，唯独最具挑战性、最具重要意义的工作——养育孩子，却完全不需要父母取得什么资格或是接受任何培训。

也许很多人在初为父母的时候，都希望自己能为孩子提供更好的生活，致力于自我品格与修养的提升，相信孩子会自然而然地受到父母的积极影响，但事情似乎并非如你所愿。在为人父母的领域中，总有一些背道而驰的行为，会导致亲子关系越来越疏远。如果孩子要求过多或是性格倔强，情况还会更糟。

过去，养育孩子过度强调权威，但今天，父母要学会在过度限制和毫无规矩之间找到平衡。养育孩子最好的状态，就是父母和孩子共同成长。具体来说，下面几点非常关键。

第一，好的教育，榜样的作用尤为重要。为此，父母应该多看一些教育学、心理学方面的书籍，了解孩子的身心特点，拓宽自己的知识面；面对令人眼花缭乱的教育信息与理念，要学会剔除与质疑。父母重视学习、持续学习、终身学习，孩子才能拥有广阔的视野和更大的格局。

第二，孩子的发展总有一些个体、主观的东西，这就意味着父母不能将所有的教育理念统统运用在自己孩子的身上，而是要结合孩子的具体情况，进行必要的梳理与思考，建立属于自己的养育框架。

同时，父母还要客观地分析自己在养育孩子过程中的潜在挑战与压力，并对如何更好地规避与克服这些困难有清晰的思考与处理能力。

第三，有些父母虽然和孩子共处一室，但他们仅满足于让孩子单纯地玩或是不惹麻烦，几乎从未全心全意地陪伴过孩子。其实，父母陪伴孩子不是单纯地陪着，而是需要积极关注孩子的兴趣爱好，关注孩子的朋友圈，关注孩子的喜怒哀乐，关注孩子在学习上的优劣势，关注自我提升。做到这些，才能做到有效陪伴。

第四，养育孩子就是一场父母的自我修行，需要父母换个角度看待孩子的成长以及随之而来的各种挑战与难题。这样，父母在面对养育问题时，比如喂奶、换尿布、讲故事、收拾杂乱无章的家、被青春叛逆期的孩子触怒等，才能保持冷静，学会调整自己回应孩子的态度与方式。在养育问题与内心修炼之间找到平衡，而非压抑或发怒。

第五，父母是孩子一生中最具影响力的榜样。除了作为孩子的保护者，满足他们最基本的生存需求（食物、水以及安全等）外，父母更应该陪孩子探索广阔的世界，并在此过程中培养他们的生存技能，发展他们能够胜任未来的核心潜能，激励孩子不断追求自己的梦想，支持他成为更好的自己。

Part2 接纳

真正的爱，从不附加任何条件

　　做父母的总会对孩子有各种各样的应该和不可以，也总是以责任心来约束自己，动不动就跟孩子发脾气。其实，每个孩子都有自己独特的生命规划图，孩子从哪里起步都是可以的。为人父母安顿好自己的身心，让孩子享有身为自己的权利，彼此的生命才能走向丰盈。

要想养育好孩子，先从接纳自己开始

很多时候，你一直在努力做一个好爸爸或好妈妈：努力不破坏孩子的天性，努力平等地和孩子说话……但即便如此，要想养育好孩子，根本就不是你努力迈上一个台阶，就能在这个台阶上站稳的。在一次又一次挫败、怨恨、无措的感受中，你不仅伤了自己，更伤了孩子。

一位妈妈带女儿买衣服，开始的时候，她鼓励女儿挑选自己喜欢的。但最后，她对女儿的选择总是不满意，忍不住替女儿做了主。这样的经历多了，女儿挑选衣服的兴致越来越不高。每次购物都成了母女俩痛苦的经历，甚至连亲子关系都不怎么亲密了。

在一次沮丧的购物之旅后，这位妈妈的闺蜜问她："你小的时候，是不是也很讨厌买衣服？"这位妈妈回想起自己小时候的经历，无论她买什么样的衣服，总是母亲说了算，而且总也买不到自己中意的衣服。不仅如此，每当她看到母亲掏钱时的不情愿，心里总是担惊受怕。对这位妈妈来说，内心总想逃离和买衣服有关的场景。

当今社会，很多父母自己都还没有长大，就期盼着养育好一个孩子，而过去的经历往往是造成今天这种局面的关键因素。当这些父母被尚未处理好的经历困扰时，来自感情、认知、行为方面的记忆就会干扰他们的生活，影响亲子关系。伴随着这些经历，他们的身心会被强烈的无助、恐惧，甚至是被遗弃的绝望感笼罩，让他们失去理智，让亲子关系矛盾重重。

研究表明，孩子与照顾者之间会存在一种特殊的情感关系，即依恋关系，它会直接影响孩子将来会成为怎样的人。而孩子对父母的依恋又与父母对自己早年经历的认知有着非常重要的联系。

诚然，你无法改变儿时的磨难，也时常会在孩子面前表现出自己性格中最恶劣的一面。但如果你能够对过去的自己有清晰的认识，从积极的角度看待这一切，努力和过去的自己和解，亲子关系就会朝着相互信任的方向发展，而过去的伤痛也不会再次成为激发你与孩子之间烦扰和矛盾的导火索。

那么，父母该如何学会接纳自己，和过去的自己和解呢？

第一，接纳生命中的更多可能性。在日复一日的生活中，你除了父母这个角色，还有很多其他角色，当然也有自己的喜怒哀乐。你要接纳自己也是凡人，接纳自己也有犯错的时候，接纳自己也有尚未抚平的伤痕，才能有机会反思自己被养育的经历，并在养育孩子的过程中做出更积极的选择。其实，这也是一个三赢的局面：孩子的人格会更加完善，你会拥有更加和谐的人际关系，你与自己的关系也会得到改善。

第二，开阔心胸，对过往多些积极的思考。无论当年的你是怎样长大的，无论你曾经经历了什么，你对这些经历是如何影响当下生活的思考显然尤为重要。

举个例子，儿时的你经常一哭起来就没完，无论旁人怎么安慰都无济于事，为此你的母亲烦躁不安，总是不说一声就径自出门。这样的经历多了，你对母亲的信任感就很难建立起来，觉得母亲遗弃了你。特别是当你成年后，再次面对分离时，内心的不安和疑虑就会更为强烈。

后来，当你有了自己的孩子，当你遇到相同的情形时，多种复杂的情感交织在一起，必然会引起你一系列的情感反应。如果此时由于客观原因（比如工作）你不得不离开孩子，曾经被藏在记忆深处的遗弃感会让你感到非常不安，而这种强烈的不适感又会给你的孩子造成压力，结果你会变得更加不安和焦虑。

这就提醒父母，如果孩子的某些表现让你难以忍受，就要思考一下问题背后是否隐藏着某些尚未妥善处理的问题，而不是故意忽视孩子的情绪，或是假装什么事也没有发生。作为父母，只有自己的心胸开阔了，才不会把这种无助感怪罪到孩子身上。

作为父母，总会有被情绪控制的时候，尊重自己的感情和情绪，去接受它而不是审判它，不仅自己能获得成长，亲子之间也能建立起充满情感交流的良好关系。

生命自有其内在的节奏，允许孩子慢慢来

　　每个孩子刚出生时，对父母来说几乎是全新而陌生的。可是，在这个到处充斥着焦虑和浮躁的社会，父母又总是把太多的时间和精力投注于满足生存与功利性养育这些纠葛上。

　　于是，很多父母养育孩子却不知孩子是如何一步步成长的；孩子入学后，总是以成绩、名校、证书来衡量他们优秀与否；看到好的资源就急于提供给孩子，有时恰到好处，有时也难免会拔苗助长，过犹不及。

　　虽然父母举全家之力给孩子自认为最好的养育，但是这种衡量与判断孩子价值的观念和标准，本身就极具破坏性，它会诱导缺乏思辨能力的父母不顾生命自身的成长法则，只为孩子能在强手如林的人生舞台上脱颖而出。

石头是一个7岁的小男孩儿。每天放学后，他除了要做学校的功课外，还要上小提琴课。另外，周末他还要去上足球课、围棋课、美术课、英语课。有时，从培训班回到家里，还得接着上网课。

其实，石头才3岁时，妈妈就已经给他报了早教、唱歌、英语、启蒙阅读……当周围人问他的妈妈："为什么孩子这么小就给他报这么多班？"她也略显无奈地说："没办法，不能让孩子输在起跑线上啊！"

今天，为什么越来越多的孩子对学习的兴趣和热情所剩无几？为什么越来越多的孩子不能从教育中享受到快乐？也许父母的动机各不相同，但你必须认识到，这样养育孩子无疑是在透支孩子的生命能量。

一位心理学家曾说过："人生的每一个阶段都有它自己的意义和目的，发现并接受这一规律，才是人生最关键的问题之一。"每个孩子都有属于自己的生命节奏，父母要相信孩子的一切成长都是造物最好的安排，并适时地给予孩子无条件的陪伴和支持。

卢梭在《爱弥儿》中写道："大自然希望儿童在成人之前，就要像儿童的样子。如果我们打扰了这个秩序，我们就会造就一些早熟的果实。它们长得既不丰满也不甜美，而且很快就会腐烂。"就像每匹马都有自己的特性一样，有时会领先，有时会后面发力。不是每个孩子都适合一开始就用尽全力奔跑的。

人的生命是一个有序而统合的整体，有预先设定好的成长密码。为此，你需要提前宏观地将孩子0~18岁的生命节奏了然于胸，这样，当你面对困惑时，才不会陷入焦虑，这对父母自身的成长和对孩子的养育都至关重要。

随着社会的发展，我们对人类生命成长的探索与认识也越来越详尽。著名心理学家皮亚杰从逻辑能力的角度将人的生命成长分为4个阶段。

（1）0~2岁：感知运动阶段

这一阶段的孩子有了感觉输入，开始协调自己的躯体和动作。他们会积极地寻找各种刺激，特别是1岁以后，他们会发现原来自己的躯体和动作之外还有别的东西。

（2）2~7岁：前运算阶段

此时的孩子会频繁地通过语言、模仿、想象来代替外界事物，但还不会逆向思维。此时，他们正在构建自我，觉察不到别人需要听什么，也无法领会他人的观点。

（3）7~11岁：具体运算阶段

这一阶段的孩子已具有一定的抽象概念，能够进行逻辑推理，但手里必须拿着具体的实物才可以思考。同时，他们能够从他人的角度看问题，能逐渐意识到他人的需要和兴趣。

（4）11~15岁：形式运算阶段

在这一阶段，孩子的思维已经超越了对具体可感知事物的依赖，能够依据逻辑推理、归纳或演绎的方式来思考问题、解决问题。他们能够接受对方的观点，并把自己的想法看作是许多可能性中的一种。

每个孩子都是一颗具有无限可能的种子。作为父母，要尽力协助孩子吸收到最佳的营养，尊重孩子自身发展的规律，顺应孩子成长的节奏，做好每个阶段该做的事，让孩子体验到自己足够好，这个世界对他是友善的，如此，这颗存在着无限可能的种子才会始终向上生长。

尊重孩子的个性，就是保护孩子的未来

在养育孩子的过程中，你会发现：刚出生的孩子，饿了，会撕心裂肺地哭；不高兴了，小脾气说来就来……他们全神贯注地沉迷于自己的世界，至于自己在别人眼里是怎样的人，有什么突出的成绩，会不会热情地打招呼，有没有丰富的想象力……所有这些令父母感到焦虑的事情，他们全然不顾。

孩子能够拥有独当一面的能力，或是拥有足以傍身的一技之长，是父母期望的事情。但父母也必须认识到，眼前的孩子具有一整套的感受、体验与能力——喜悦、憧憬、兴奋、沮丧、忧虑、创造力、想象力、运动能力等，凡此种种与你并无二致。

每个孩子都是一个富有独立精神的个体。每个孩子的成长过程，就是在塑造一个具有独特个性的灵魂。养育之道就在于尊重孩

子的个性，并充分发挥孩子的潜能。每个孩子的个性都是千差万别的，都有着不同于他人的天赋、兴趣、爱好以及潜力，尊重孩子的个性发展，就是在保护孩子的未来。

然而，许多成人在其成长过程中缺少被尊重、被接纳的经历，受自身僵化思维模式的影响，在养育孩子的时候，常常会不自觉地好为人师，跟孩子讲一些大道理，却从未意识到眼前的孩子是如此的独特而唯一，他的表现只是在展示自我。不仅如此，他们还会无视孩子的个体需求，经常在不经意间将自己的想法、计划与期望强加在孩子身上。父母的这种自认为只想把"最好的"给孩子的想法，对孩子的成长无疑是一种桎梏。

那么，父母该如何尊重孩子的个性，让他们以自己的方式茁壮成长呢？

第一，允许孩子做自己。每个孩子都有自己的个性，这是孩子天生就具备的特性。事实上，孩子早在懵懵懂懂的时候，就已经开始体会自己最想成为什么样的人。

教育学者尹建莉说："人生的终极目的就是找到自己，一个人多大程度上找到自己、成为自己，就在多大程度上获得了幸福。"孩子不是受训的动物，也不是父母输入某种程序就能表现出其所期待的反应或行为。孩子之所以会喜欢这个，倾向那个，必定有许多不同的理由。

第二，父母要相信孩子有无限的潜能。当你解读孩子的个性，或是判断某些特定事件时，要带着敏锐的洞察力，不要孤立地看待孩子个性中的某一方面或某个特定事件，正如你不能把某一个音符从整首乐曲中分离出来再去理解它的意义一样。反之，你要用心去体会孩子最想成为怎样的人，并尽力帮他实现自己的心愿。这样，孩子才能活成自己喜欢的样子。

第三，孩子都有属于自己的选择的权利，父母要学会适时放手，给予孩子更多的机会。比如，晚饭后，你希望孩子先写作业，而不是看电视。有的父母可能会用命令的语气督促孩子先写作业，这种做法几乎看不到效果，还会让孩子厌学，伤害亲子关系。

相反，你可以心平气和地问孩子："你是想自己写作业，还是希望我陪着？"不管孩子怎么选择都是写作业，但他的心理感受不一样，觉得生活在自己的掌控之中，会有一种成就感，时间长了，孩子的自律性也就强了。

第四，每个孩子都有自己喜欢的领域、热爱的事情。父母要多观察孩子的日常行为，发现他们对哪些方面感兴趣。还可以为孩子创造更多的机会，帮助他们找到自己的兴趣点和潜力。比如，父母可以把孩子取得的成绩拍成照片贴在墙上，陪孩子多参加丰富多彩的活动，为孩子设定一个容易完成的小目标。当孩子经过持续积累获得成功的体验后，便能把兴趣发展成为持久而稳定的爱好。

养育孩子，多拥抱过程而非结果

生活中，很多父母总喜欢跟孩子说这样的话："你要好好吃饭，将来才能长高个。""你要好好读书，将来才能找份好工作，过上好日子。"不得不说，今天的孩子在将来会面临更大的挑战，出于对孩子的担忧，很多父母的教育方式总是带着极强的功利性。

有一位父亲对正在念初中的女儿的教育非常严格，甚至要求女儿每次考试只许考第一名，连第二名都不行。这位父亲还说："如果你考了第二名，就不要再回来见我了。"

上周，学校公布了期末考试成绩，女孩儿以0.5分之差与第一名失之交臂。当时，她的情绪非常低落，感觉就像陷入绝境一般。

女孩儿觉得自己一点儿用都没有，觉得自己辜负了父亲对她的期望。她感受不到父亲对她无条件的爱，更对自己的能力产生了严重怀疑。一想到自己将要经历的失败与痛苦的感受，可怕的轻生念头总是时不时地冒出来。

如果父母只是一味地重结果而轻过程，自己是解放了，孩子却承担了所有的压力。可是，就算孩子一个人扛起了所有的压力，但过于执着成败，又很容易让他们形成更强的执念——唯以成绩和分数论英雄。结果，不仅导致孩子内心脆弱，甚至连自己真正想要什么都不知道了。

父母过于看重结果的态度与做法无疑向孩子传递了这样一个信号：唯有表现或结果才有意义，唯有拿高分或是得第一名才能体现自己的价值。于是，孩子就会以能让父母感到愉悦的表现、行为或成绩来赢得他们的认同。但久而久之，这样的孩子极易在压抑的学习与生活中让自己背负很大的压力与负担。由于父母执着于结果，孩子可能永远也无法学会接纳自己，无法学会应对现实生活中的挫折与失败。

而且，如果父母过于关注目标而不是孩子的成长过程，往往会使孩子错过很多培养自尊心、锻炼自我的机会。就像考试不理想的孩子很可能会铤而走险在下次考试中作弊，或是接近那些成绩不如他的孩子，以寻求自我安慰。这些孩子在日后遇到困难时，他们的第一反应往往也是逃避。

还有一些父母为了让孩子达成自己计划的目标，就用奖励或惩罚的方式刺激孩子。结果，亲子关系变成了赤裸裸的交易。如果孩子的表现合父母的心意，父母就会对他们大加褒奖与鼓励；如果孩子的表现不合父母的心意，父母就会严苛地收回自己对孩子的爱，甚至还会对他们施以严厉的惩罚。

然而，这种功利的教育观念只会引发亲子之间更严重的矛盾和冲突，让彼此都深陷焦虑和困扰之中。而且这种管教方式还会让孩子变得唯命是从，缺少独立思考的能力。

那么，作为父母，如何培养孩子才称得上是注重过程呢？

第一，父母不能单纯地给孩子提出各种要求，也不是只有孩子做了令人称赞的事情，才会喜笑颜开、给予奖励。相反，父母要始终看见孩子的努力与付出。如果孩子做得好，就要把具体事实描述出来，比如："今天你自己叠的被子，真整齐。"有针对性地表扬，更容易让孩子知道今后该怎么做。

第二，孩子都爱问"为什么"，但父母有时会不予理会，这就容易挫伤孩子的积极性。对于求知欲旺盛的孩子来说，保护和正确引导他们的好奇心和求知欲，必然能把他们的兴趣引向对学科知识和科学真理的追求上，而且这种教育方式更有助于激发孩子的进取心。事实上，这样的教育方式不仅能让孩子享受到学习的快乐，还能提升他们的学习成绩。毕竟当孩子对生活、对世界充满兴趣时，自然会努力追求更有意义的生活。

第三，父母要鼓励孩子试错，陪伴孩子一起体验成长的过程。当孩子遇到问题畏惧不前时，父母可以试着鼓励他："我相信你，我认为你可以做好的。"成长的过程没有谁会一帆风顺，父母越放手，越将精力集中于过程而不是结果，越能激发孩子与生俱来的潜能。

总之，父母对孩子的爱不能出于"他们做了什么"，而只是因为"他们是谁"。无论孩子是否让你脸上有光，都请毫无保留地接纳他们以及他们当下的表现。虽然对你来说，这会有点儿困难，但只要坚持下去，生活必定会有改善。

因为你的感同身受，爱才更有意义

初为人父人母时，很多人都有过这样的体会：怀抱着刚出生的婴儿，你会本能地体会他们的感受，哪种哭声是饿了，哪种哭声是尿了，哪种哭声是想要让人抱了……你在瞬间就能分辨出来。

在养育孩子的过程中，不仅给孩子做饭、陪孩子做游戏等是父母的养育职责，读懂与回应孩子的情感也是父母需要具备的技能。心理学家罗杰斯曾说："共情能力是一种能设身处地体验他人处境，从而达到感受和理解他人情感的能力。"在一段关系中，如果你能够站在对方的立场看待问题，倾听对方言语背后的意图，并且不对他人进行干预、说教或指责，彼此之间就能建立起紧密的联系。同样，父母对孩子的感同身受也能帮助父母更好地理解孩子的感受、意愿和情绪，让亲子关系更和谐。

比如，孩子大多都怕抽血化验。从孩子的角度看，这很正常。从父母的角度看，为了让孩子快点儿好起来，父母就要鼓励他配合检查。这时，父母就要帮孩子说出他的感受："宝贝，妈妈知道你不舒服，想快点儿好起来。抽血化验确实有些疼，但是妈妈会一直陪着你，我们一起努力好不好？妈妈相信你一定能行！"

再比如，如果孩子因为参加同学的生日会而忘记做家务，父母应给予理解，并用温和的语气说："看得出，今天你玩得很尽兴，但要记得把家务做完哦。""你今天确实很忙，明天一定要把家务认真完成。"这种不带批评、指责的沟通，既避免了亲子之间无谓的冲突与矛盾，孩子也更容易接受。

无论孩子是5岁还是15岁，都渴望与父母建立有意义、亲密的联结。而富有觉悟的父母会设身处地地感知孩子的情绪，了解他们的想法，即便父母不同意孩子的观点，也会表达尊重，对孩子保持一种接纳的开放态度。事实上，共情是有感染力的，会带来良性循环。当孩子感知到父母对他的共情与关爱，大脑就会分泌出催产素，而催产素又会使他们充满同理心和关爱他人之心。而且当孩子感受到宽容与共情时，他的大脑也能得到良好的发育，智商和情商也能得到发展。

不过，当孩子进入叛逆期、青春期，愈发挑战父母耐心的时候，父母对孩子的共情能力反而需要重新习得。

那些不会倾听自己的感受、不懂得倾听孩子情感的父母遇到问题时，不是不考虑自己的做法可能对孩子产生的后果，太快采取行动，就是在孩子面前居高临下，对孩子的所作所为横加指责。结果，不仅使自己的苦恼与焦虑与日俱增，还很容易将糟糕的情绪转移到孩子以及周围人身上。

那么，父母怎样做，才能做到与叛逆期、青春期的孩子共情呢？

第一，父母要以宽容的心态接纳自己的情绪和感受。流淌在你身上的情感，无论是正面的还是负面的，都是你的内心世界在某时某刻的真实反映。

作为父母，不要因为学了那么多养育理念和方法还是会面露狰狞而自责。相比正面情绪让人感到快乐与幸福，你还要学会坦然接纳负面情绪带给你的烦恼。特别是当你觉察到负面情绪马上就要爆发时，先倾听自己内心的声音，然后对自己说："我知道你很不容易，你其实已经很尽力了。"一个人在焦虑的时刻，如果越能理解自己，越能获得积极的力量。

第二，父母与孩子相处时，一定要做到尊重。随着孩子的长大，他们对尊重的渴望会越来越强烈。越是这种时候，父母越应该把他们当成朋友一样来对待。凡事多听听孩子的想法和意见，遇到分歧和冲突时各抒己见，协商解决。

第三，青春期孩子的自我意识感和自尊心都很强，希望得到他人的理解、认可与肯定。生活上，父母要锻炼孩子的自理能力，避免事事代劳；孩子遇到困惑、挫折，父母要以朋友的身份给予客观的分析和引导，避免指令式的说教；由于孩子已具有一定的自我辨知能力，父母要让孩子学会承担责任，不能牵着孩子按自己设计好的路线走。

Part3 内驱力

做智慧型父母，赋予孩子自我成长的力量

孩子在成长的过程中，如果能够得到自然、自由的发展，那么，每时每刻他都会沉浸在自我成长中。孩子受这种内在生命力的驱动，无论是绞尽脑汁地解决难题，还是追求自我认同和成就感，他的心智水平都会上升到一个新的层面，而且这种内驱力还会推动他在未来的日子里走得更远。

无条件养育，满足孩子对归属感和价值感的追求

　　心理学家阿德勒在《自卑与超越》中写道："人的一生始终都在寻求两样东西：一个是归属感，另一个是价值感。"作为社会人，最基本的心理需求就是归属感。归属感是贯穿于人一生中的持续性情感。它的形成可以让人产生亲情、友情和爱情等一系列的情感。对孩子来说，归属感也是其社会个性发展中的重要情感之一。

　　在不同的年龄阶段，孩子归属感的表现也有所不同。具体可分为以下几个阶段。

　　（1）婴儿时期

　　新生儿从母体降生后的很长一段时间内，都离不开父母或其他成年个体的抚养。当他们的一些生存需求未被满足时，就会借助哭闹等情绪和情感反应来引起看护者的注意。

当孩子发出需求信号时，父母微笑的应答与互动就是最好的回应方式，同时还需视具体情况，帮助孩子解决他们的生理需求。不仅如此，父母平时一定要多拥抱孩子、多对孩子微笑，让他知道爸爸妈妈永远都是爱他的。

（2）2~4岁

在这一阶段，孩子的归属感主要体现在对父母的依恋和信任。他们的依恋对象从主要看护者扩大到身边的其他亲人，进而对整个家庭产生认同感和信赖感。

由于这一阶段孩子的集体归属感不是很强，相比与别人合作、分享，他们更喜欢独自玩耍。如果父母对孩子多些鼓励，他们就会变得自信、大方。特别是在陌生的环境，父母的支持与肯定可以让他们在展现自我天性的同时，更加自信地探索世界。

（3）4~6岁

此时的孩子对家庭生活有了基本的概念，能够积极融入各种家庭活动，并且非常享受作为家庭一员带给他的愉悦与幸福。同时，这一阶段的孩子更愿意承担作为家庭成员的责任和义务。

随着自我意识的不断提高，孩子会提出更多的需求。如果这些需求没有及时得到满足，他们就会表现出失望、不悦或孤独。为此，父母要及时给予孩子回应。

（4）6~12岁

孩子在6~12岁时，对归属感的需求会更为强烈。当他们处在被接纳、被认可的环境中时，会更有归属感。此时，孩子首先需要家庭环境的接纳，其次才是外界集体的接纳。

为此，父母每天都要尽量抽出一定的时间来陪伴孩子，积极鼓励孩子承担作为班级一员的责任和义务，支持孩子参与各种活动。

（5）青春期

孩子进入青春期后，几乎所有行为的动机都源于渴望得到同龄人的关注。男孩儿热衷于体育活动，特别是比拼力量的竞技比赛；女孩儿会把更多的时间、精力和财力花费在自己的容貌和衣着上。

与此同时，有些孩子，特别是不自信的孩子，为了满足自己对归属感的需求，会加入各种小团队。为了避免青春期孩子误入歧途，为了走进他们的内心，"尊重"永远是第一要义。为此，父母不能当众批评孩子；不能一意孤行地干涉孩子的想法或行为；与孩子发生矛盾时，要把孩子当成大人看待，语气和缓地沟通，少些硬碰硬。

作为父母，除了要培养孩子的归属感，也要培养孩子的自我价值感。自我价值感是一个人基于对自我价值的认识与判断而形成的对自身的评价。影响孩子自我价值感发展的因素有两个：一个是内因，即反映孩子价值的内在特征，如能力、成就感等；另一个是周围人对孩子的态度和评价。

如果孩子具有很好的表达能力、动手能力或其他能力，在与同龄人的交往中能很好地表达自己的想法，这就为孩子建立积极的自我价值感打下了良好的基础。如果孩子获得了不错的学习成绩，能增强他的个人优越感，维护其正面的自我形象，也有助于提升他的自我价值感。

另一方面，陪伴在孩子身边的人，尤其是父母对他的评价与态度将会对孩子自我价值感的形成产生十分重要的意义。年龄越小的孩子，他们对自我价值的认识越容易被所信任之人的态度和评价所左右。这也意味着父母要经常给予孩子恰当的肯定和赞赏，这样，孩子才会对自我价值形成积极、乐观的认识。如果孩子总是生活在批评、指责甚至是惩罚的环境中，是不可能感受到自我价值的。

总之，面对激烈的社会竞争，父母都希望孩子能够做生活中的强者，但能否如愿，与父母的教育理念密切相关。为此，父母要认识到每个人都有着无限的潜能和价值，并且只有通过积极的努力才能逐渐积蓄能够胜任未来的力量。

孩子有韧性，未来才能更抗压

正如你所经历或看到的那样，几乎没有哪个家长不希望自己的孩子能够拥有积极进取的态度，怀着满满的信心和长远目标一路自勉着勇往直前。虽然愿景不错，但实现起来可没那么容易。

"跳绳太累啊，我不跳了。"

"上周五，老师公布了考试成绩，我没考好，不想上学了。"

"同学总是嘲笑我长得矮，我真想找个地缝钻进去。"

…………

如今，孩子们背负的压力可以说越来越重。在兴趣班，他们要表现优秀；在学校，他们要拿到高分；生活中，他们还要学会处理复杂的人际关系。现实中，并非只有成人才会长期处于压力之中，太多的孩子也正面临着前所未有的压力。

　　一项心理研究发现，30%的青少年称来自生活、学业中的压力让他们对未来失去希望。甚至还有一些孩子在本应探索世界、充实自己的年纪，选择用自残或自杀等极端的方式来摆脱生活的痛苦与压力。

　　科学研究指出，长期且持久的压力会对人的身心发展产生不利的影响，特别是对于大脑正处于成长发育期的孩子来说，因压力过大而产生的物质还会严重抑制孩子体内新神经元的生长，而这又与孩子的学习、记忆等高级脑功能密切相关。

　　通常，一个身心发育健康的孩子会天然地对自己以及身边的各种事物充满好奇心，而可以让他们变得更坚毅、更有韧性的力量也会在后天逐渐养成，并在日后的成长过程中不断推动孩子克服重重的困境、压力与挫折。而父母要做的就是按照孩子的步伐和节奏鼓励他们不断地探索周围的世界。

　　真真11个月大的时候，逐渐可以蹒跚着行走了。这时的他几乎所有的注意力都在"走"这件事上，就算跌倒了、摔疼了，还是会毫不犹豫地爬起来继续走。

　　看着真真充满热情地走着，即便摔倒也乐此不疲的状态，陪伴在一旁的妈妈，虽然已经很疲惫了，但仍然坚持鼓励他继续努力。

因为她非常清楚，每个孩子都是一个自由的个体，父母要给予他们探索和试错的机会，而不能剥夺孩子通过自己的努力获得成长的机会。

每个孩子都有自己的成长节奏。受内在生命力的驱使，他们的韧性完全可以从这些最习以为常的生活细节中得到锻炼。即使多一次跌倒，也会多一份坚强。而且在父母的指引下，孩子也能发展出一种自我保护的本能，并在日后的逆境中展现出来。

相比而言，那些在优越环境中长大的孩子之所以在遭遇挫折时特别脆弱，往往是因为他们被过度保护。比如，有些父母担心孩子走路的时候被磕碰到，往往会限制他们的活动范围；或是在孩子刚有点儿走不稳的时候就急于扶住孩子。这就剥夺了孩子通过自己的尝试与努力获得成长的机会。

特别是随着孩子的长大，如果父母总是一味地给他们灌输不甘人后的好胜心，却忽视培养他们的心理韧性，就很容易使孩子成为输不起、吃不了苦的人。

今天的孩子与他们的父母以及祖父母的需求完全不一样，他们大多物质不再匮乏，更多的需求来自精神层面。为此，他们应当在身体、智力、社会性情感以及生活技能等方面有均衡、全面的发展。特别是在当今这个时代，父母更应当培养孩子的抗挫折能力。

这与掌握了多少知识是同等重要的。

诚然，孩子在遇到困难时，难免会经历失败，但越是在这种时候，父母越是要让孩子感觉到你对他的爱与支持，放手给予孩子独自面对困难、解决问题的机会，这样他们的心理韧性才会增强。成长的意义不仅是向外延展，更应该是向内积蓄，帮助孩子塑造坚强、有韧性的内在。

每个孩子都是向上、向善的，父母要相信并激发他们内在的能量。而且因失败而来的不适感，并不等同于伤害。当孩子处于情绪低落或是经历失败时，父母要让他们认识到无论是失败还是错误，都是成长的基石，并适时鼓励他们继续尝试。

那些勇于克服困难的孩子，在其成年后往往能成为积极的问题解决者、受人欢迎的合作伙伴、亲密的爱人或具有同理心的父母。培养孩子的韧性，就是在培养他们如何把控好自己，如何处理好自己和世界的关系，如何在人生的舞台上获得主动权的关键所在。

看见孩子的潜在优势，不再盲目透支孩子的未来

一说到孩子的兴趣爱好，不少父母经常会这样说："我要让孩子学这个，我要让孩子学那个。"好像孩子的整个人生发展都有赖于父母。

其实，如果你仔细留意孩子对事物的认知过程就会发现，孩子生来就对身边的一切事物感兴趣，好奇"这是什么""那是什么"。如果某个事物足够吸引孩子的注意力，他就会全然沉浸在对这一事物的感觉之中。在此过程中，孩子对事物的认知不仅会升华至概念这一层次，而且自身的潜能也会不断得到强化。

比如，一个孩子很有绘画天赋。每当他画画时，从来不会觉得自己是在完成任务，而是有着用不完的精力和想象力，并且这种感觉也使他感到愉悦和满足。

再比如，一个孩子从小就对动物非常感兴趣。随着对动物的细致观察与接触，他对动物的认识和理解也越来越全面和丰富。比如，通过观察动物的巢穴，他了解到由于动物生存能力和生活习惯的不同，所以动物的栖息地也是不同的；通过观察动物喜欢的食物，他知道可以根据动物食物种类的不同，将它们分为食草动物、食肉动物以及杂食动物；等等。

事实上，由于每个孩子有着不同的优势，所以，他们的发展轨迹也是不一样的。有的孩子一出生就对音乐特别敏感，喜欢乐器；有的孩子身体健硕，擅长体育项目。但无一例外的是，如果一个孩子做自身具有优势的事情，他一定会充满干劲和热情，并乐在其中。当孩子被自己内在的全新感受和体验所感染、所激励时，也一定会反复重复这一过程。这是孩子的一种天然能力，也是孩子专注力和意志力产生的起始。

每个孩子生来都是自我探索者。孩子对某物有着浓厚的兴趣，在某一方面表现出色，而且愿意持久地投入其中，表明孩子在这一方面具有一定的优势。实际上，孩子是依据内在的理性独自向前发展的，同时孩子只有在自己的发展点上不断努力、探索，才能逐渐形成自己的智力。可以说，父母的养育职责之一就是顺应孩子的基因倾向，使其在更好的方向不断发展，这对孩子的成长有着深远的影响。

孩子对某物的专注与表现，看上去总是具有一定的偶然性。作为成人也无从知道孩子下一秒钟要做什么，或是孩子会在哪些方面表现出自己的优势。但孩子必须拥有自由的意志、自由的成长环境和自由的行为，也就是说，孩子只有在不受打扰、不被压抑的情况下才能投入地做某件事情。这样，兴趣就产生了，孩子的优势也得到了充分的发挥，而且还能促使孩子全面地成长。

那么，在引导孩子发挥自身优势这件事上，父母该做些什么呢？

第一，父母可以在聊天或讨论中引导孩子关注自身的优势。比如，孩子对写作感兴趣，父母在点评孩子的文章时，可以这样说："这篇文章你写得很有层次，把眼前静态的景物以由远及近的方式详略得当地描述了一遍，而且在中间部分你还发挥了自己的想象力，让文章更加生动了。"这样的点评不仅加入了对孩子优势的分析和肯定，也更加激发了孩子的动力。

第二，父母发现孩子的优势后，还要帮他们营造出有助于发展优势的环境，从而使孩子的能力得到更好的发展。比如，如果孩子的空间思维能力很好，那么外出游玩时，就可以鼓励孩子根据景点的位置，在地图上规划一条最佳的游览路线，并引导孩子做好时间统筹。

每个孩子的身上都存在着无限可能，父母的职责就是遵循生命的法则，相信孩子拥有创造自己的可能，顺应孩子的天性，唤醒孩子的优势资源，这样，才能更好地把握孩子成长的方向。

自信，永远都是孩子成长的原动力

　　一直以来，你始终坚信并一以贯之地朝着一个目标努力，那就是孩子应该被赋予更多的力量，比如敢于表达自我，敢于尝试新事物，具有冒险精神（当然是在安全的范围内），具有完成任务的毅力，等等。

　　可是，在你身边总有这样一些孩子：他们胆小、怯懦、消极，甚至都不敢表达自己的想法。当然，你也会看到很多做事鲁莽专横、自以为是、虚张声势的孩子。然而，无论哪种孩子，在他们身上都看不到真正的自信。

　　那么，到底什么才是真正的自信呢？为什么它会如此稀有难寻呢？

　　每个孩子在刚出生时，为了满足最基本的生存需求，凭借着自身弱小可人的样子，就能从看护者那里得到安全的庇护、无私的爱与关怀。由此，孩子也获得了对这个世界最初的信心：我笑了，有人会陪着我笑；我哭了，有人会关心我。

然而，孩子初生时，如果缺少成人的陪伴与关爱，挫折与失望也不可避免地会出现。孩子笑了，没有人回应；孩子哭了，也没有人出现。这样的经历多了，势必会让孩子产生某种程度的无力感，从而变得消极、压抑、胆小怕事。

之后，当孩子开始蹒跚学步时，不仅身体的活动范围扩大了，而且意识上也发现自己可以对别人说"不"了。从此，孩子开始意识到自己是一个独立的生命体。如果这种来自成长本身的力量能得到看护者的尊重与接纳，而不是被成人的权威所压制，那么成长中的孩子就会以惊人的速度融入这个世界，并学会更多生存的技能。事实上，如果你仔细观察孩子每时每刻的状态，无论是蹒跚学步，还是忙碌而专注地玩耍，总能看到他们不断积蓄的自信与力量。

然而，有些时候，成人对自信的看法却越来越矛盾。比如，你希望看到孩子敢于在别人面前表达自己的想法，但又不喜欢看到他们盛气凌人、固执己见的样子。又比如，你希望看到孩子独立的个性和坚持的品质，但又对此心存疑虑和恐惧。特别是一旦孩子出现某些任性行为，你就会把它视为对成人的无礼挑衅和故意作对，甚至还可能采取高压手段，慑服孩子的心灵，却没有意识到这其实也是孩子迈向独立与自信的积极动力。

事实上，接纳孩子身上出现的这种独立性，同时清楚地告诉孩子他的界限在哪里，怎样做才是合理的，同样是在帮助孩子获得自信。作为父母，你要做的就是掌握好其中的平衡，这样，暴力管教才不会成为必需，亲子关系才会和谐如初。

另外，孩子自信心的培养始终贯穿于他与同龄人交往的每一个细节中。在这个阶段，他们所接触的各种新鲜事物以及形形色色的陌生人，总是以各种方式撞击着他们稚嫩的心灵。虽说有时让他们信心倍增，但有时也会让他们日渐消沉。尤其是对于那些在乎输赢的孩子来说，来自外界的压力与挑战时常会让他们的情绪起起伏伏。

对此，父母要清楚：随着孩子的长大，特别是他们进入学校后，不免要经历一些挫折，可能是数学题太难，也可能是不能融入集体。如果此时孩子再受到周围人的批评、指责，甚至是处罚，之前各种不好的感受更是会不断发酵，久而久之，孩子可能会落入无力的泥潭之中。

童年不可避免地要经历一些坎坷，产生消极、无力的负面情绪。为此，父母该如何帮助并指导孩子，让他们变得更加自信呢？

第一，父母平时要多和孩子谈谈心。沟通前，先制造和谐的氛围，一句笑话、一个生活中的小插曲，都能在不知不觉中拉近父母与孩子间的距离。孩子的性格各有不同，所以父母采取的沟通方式也要因人而异。孩子外向活泼，那就直接表明自己的态度；孩子内敛含蓄，不妨先讲一个故事，再顺势引到谈话的主题上。孩子只有从父母那里得到无条件的关爱，才能建立起稳固的情感联结。

第二，父母要把孩子视为一个有独立思想、有自主选择权的个体，而不是动不动就居高临下地否定孩子、替孩子做主。一个时时处处被尊重的孩子，才能感受到快乐，才会有健康阳光的心态。

第三，父母不能过度地保护孩子，不能有意屏蔽负面、丑陋的东西，也不能刻意美化孩子生活的环境。告诉孩子生活既有真善美，也有丑恶险，让孩子直面生活本来的面目，才是一种客观的保护，孩子才会有勇气和力量面对这个世界。

内心富足的孩子，都自带光芒

　　一直以来，在孩子是穷养好还是富养好这个问题上，人们始终都各有说辞。诚然，每个家长都希望自己的孩子拥有美好的未来，可是，难道只有父母有钱了，才能大概率地保证孩子的未来富有吗？或者说，只有物质上的丰盛才能决定孩子将来真的会幸福吗？生活中，有太多被钱堆出来却养出一身娇气的孩子，而这样的孩子即便长大成人后，也经常会把原本的好日子过得一地鸡毛。

　　真正的富养，并不是给予孩子多么富足的物质生活，而是如何在竞争激烈的社会滋养孩子的内心世界。真正的富养，是富在内心丰盈、富在眼界开阔、富在知识广博、富在人格独立、富在见解独到、富在心灵温润。

　　年幼的孩子好像很弱小，但其内在总有一样东西指引着他们如何发展，去看什么，去摸什么。对他们来说，完全不需要父母给他们增添什么花哨的东西。父母要做的只是尽可能地保护孩子的天性，在能力所及的范围内，满足孩子最基本的对环境和条件的需求。同时，适时地鼓励孩子听从自己内心的召唤，勇敢地去发现，去探索，去体验。

在这种养育方式的影响下，即便孩子的物质生活不够丰厚，精神世界也会得到启蒙，内心始终流动着充沛的能量。可以说，正因为孩子的内心是丰盈而流动的，所以他们才是真正被富养的孩子。

比如，当一个孩子专心地蹲在路边，扒开不起眼的青草时，总能发现别具特色的野花，接着，他会小心翼翼地照顾这些小生命。于是，一朵花温暖了一个人，一朵花点燃了一颗心。

再比如，孩子都喜欢玩水、玩沙子，无论你给他提供多么有吸引力的玩具，只要到了有水、有沙子的环境，他都会陶醉其中。因为孩子对自然的亲近感是与生俱来的。

孩子的内在都有一个自然、有序的成长过程。如果父母能够尊重孩子的这一发展规律，孩子就会遵循自己内心的需求去做他想做的事情。这样，孩子便和环境建立起和谐的关系，从而不断发展自我，丰盈自己的内心世界。而这些不被打扰、得到充分的爱与理解的孩子自然是那些被父母富养的幸运孩子。

可以说，这些经历不仅成了孩子珍藏一生的美好童年记忆，更训练了孩子的专注力与注意力，培养了孩子的社会性情感技能。这些技能无论是对孩子的学业还是对其人生发展都有着非常重要的意义。

遗憾的是，很多父母与孩子相处时，他们的情感与注意力往往是游离的。虽然看起来人在那里，但心并不在那里。这种亲子状态真的很糟。还有一些父母，虽然他们竭力将富养孩子的内心这一信条置于人生的首要位置，但总是以"爱"的名义帮孩子抵御一切风雨，这些父母的"富养"只会养出不知感恩、不懂担当、不会节制的孩子。

"生活即教育"，心灵上的富养从来都不是一句口号，更多的是根植于父母言行中的细微努力。为人父母该如何培养精神富足的孩子呢？

第一，父母要善于观察孩子的喜好，并积极培养孩子的潜能。一个孩子沉浸在自己的喜好里时，不仅能从喜好中收获自身价值，浑身也会散发出不一样的光芒。

第二，父母要学会尊重孩子，不做伤害孩子自尊心的事情。如果父母对孩子苛责多于宽容，指责多于鼓励，孩子的内心就会变得脆弱和敏感。在父母的长期打压下，孩子会变得胆小、自卑、怯懦。成全孩子的自尊心，给足孩子面子，他们的内心世界才会更美好。

第三，要想教养好孩子，父母自己也要以身作则。父母即使物质上不富裕，但精神上必须是充实的。在父母潜移默化的熏陶下，孩子也会树立起正确的价值观。

为人父母，最大的成就不是培养出可以给自己长面子的孩子，而是教会他们如何在这个风云变幻的世界里不被物质束缚，让他们的心灵得到滋养，从而学会靠自己的努力过上想要的生活。

Part4 情绪管理

父母能为自己的情绪负责，就是对孩子最好的教养

孩子是父母情绪的接收器。面对父母的情绪变化，孩子会本能地警觉起来。父母心情愉悦，孩子开心快乐；父母情绪不稳定，孩子容易自卑敏感。情绪好的父母，带给孩子更多的是安全感和幸福感；而情绪暴躁的父母，带给孩子的无疑是致命的伤害。因此，父母只有管理好自己的情绪，孩子才能打理好自己的人生。

走出自负感的羁绊，让你和孩子都能真实地生活

只要是涉及孩子的问题，都是父母最关心的。他们在学校适应吗？能不能跟得上学习进度？同学们喜欢他吗？……在孩子身上，父母倾注了太多的心力。与此同时，当父母辛苦扮演着辛勤养育、牺牲自我的角色时，他们的自负感也随之膨胀。

于是，我们经常会看到这样一些情景：当亲子关系出现矛盾时，若是让这些父母承认是自身的某些问题导致的，总是有些困难，他们更喜欢把责任推给他人或是其他客观原因。可以说，凡是与养育孩子有关的事，他们总是高估自己，并极力为自己辩护，认为自己的教育理念才是科学的，并希望他人能做出改变，而不是自己。

一旦孩子的某些表现不合这些父母的心意，他们就会试图控制

这一切，并将其置于自己的支配之下。悲哀的是，孩子一边在他们的权威与驱使下"乖乖"成长，一边远离真实的自我，甚至失去掌控自己命运的自由。

尽管自负感在每位父母身上的表现有所不同，但却有着一些共通之处。这里介绍两种普遍的表现形式，了解它们是如何发生的，将有助于帮助父母走出自负感的羁绊。

（1）完美主义的自负感

当生活不像这些父母所预想的那般如意时，他们就会产生抗拒心理，看待人或事的态度就会变得偏激。比如，为了孩子的生日聚会，他们精心准备了好长时间。谁料到，现场接二连三地出现事故，孩子的举止不够得体，显然这有悖于他们追求的目标——完美。当这些父母心中"应该怎样"的梦想破灭时，自负感就会凸显出来，他们深陷其中，即使损害了自己和家人的幸福也不自知。

人不可能无所不知，也不可能凡事都能给出完美的解决方案，父母也不例外。坦然面对生活的不完美，坦诚接纳自己的不足，不仅能获取让自己幸福的能力，还能让孩子从容地扮演好属于自己的角色，不再受自负感的羁绊。

（2）规范的自负感

很多时候，父母都希望生活能够井然有序。可是，当孩子打破了家中某种原有的模式，当他们想成为真实的自己，想做自己想做的事情时，父母的情绪难免会出现一些波动。

比如，父母很勤奋，孩子却慵懒散漫；父母很注重外表，孩子却不在意自己的形象；父母认为孩子应该顺从自己的意愿，孩子却坚持选择自己的生活方式。这时，父母多多少少会感到自己受到了冒犯。一旦孩子没有顺从自己，父母的情绪就会变得暴躁起来，会不由自主地认为孩子是在挑战自己的底线。但父母的这种反应只会造成亲子之间的疏离，有时孩子还会表现出欺骗、打架、抽烟等不良行为，甚至断绝与父母的关系。

总之，当父母管束孩子时，内心的自负感很可能一瞬间就会被激发，往往来不及反应就深陷其中。那么，当父母的情绪处在焦躁或疲乏的状态时，怎样做才能让自己走出自负感的羁绊呢？

第一，父母要学会接纳孩子，看到孩子身上的真实与完整。当意识到自己内在的自负感即将露出苗头时，不能忘了孩子是一个独立的个体，不能随意遏制孩子彰显自我的能力。特别是随着孩子的自我意识越来越强，父母一定要学会享受到当下的生命，和孩子一起共同进步、共同成长。

第二，父母要认识到，无论是进步还是犯错，都是孩子成长的最好机会。为此，父母不能将自己的面子和尊严与自己认为的孩子身上的不良言行混为一谈。孩子犯错、考试没考好，并不意味着你就不是一个称职的家长。

第三，当父母面对难以处理的局面时，要学会控制自己的情绪，对孩子多一些觉察和接纳。这种成长型心态可以帮助父母用积极正面的语言解决问题，发自内心地相信孩子可以变得更好。

你对孩子大吼大叫时，到底是在朝谁发火

对很多父母而言，没有什么事情能比养育孩子更令他们感到身心疲惫的了。生活中，几乎所有父母都会经历情绪激动、对孩子大吼大叫的时候，甚至说出事后让自己后悔不已的话或是做出让自己内心感到愧疚的行为。虽然初为父母时，你一直希望能与孩子建立和谐的亲子关系，但在漫长的教养过程中，这并不是一件容易的事。有时就连你自己都会感到诧异：怎么又对孩子发火了？

也许为人父母的你正经历这样的情境，除了随之而来的令人感到崩溃的负面情绪外，生活几乎看不到任何希望。当你想要和孩子维持高质量的亲子关系时，到底是什么总把你带到老路上去呢？

许多案例表明：如果父母在自己小时候遭受过来自言语或是肢体上的羞辱性教育，那么，在与孩子相处时，一旦自己的神经被

过往的不愉快甚至是恐怖的回忆所触发，内心深处未曾愈合的伤口很可能就会被再次撕开，表现得极其缺乏耐心、动不动就对孩子发火。

有时，父母之所以会情绪失控，还与自己借机释放内心的紧张、焦虑、恐惧或是无力感有关。比如，当孩子跟父母一起过马路时，由于孩子边走边玩，差点儿被疾驰而来的汽车撞到，于是，父母的情绪非常激动，大声斥责孩子为什么这么不小心。其实，这一方面与父母内心自责没有照顾好孩子有关，另一方面还与父母担心孩子万一发生车祸，内心极度紧张和恐惧有关。结果，父母的反应却错误地通过情绪失控表现出来。

另外，由于有些父母对孩子的要求过于完美，一旦孩子没有达到他们的预期，以致父母的付出与收获不成正比，这些完美父母的情绪就很容易失控。在这些父母的压力和打击下，他们的孩子也会形成消极的自我评价，不仅不利于自信心的建立，也不利于亲子关系的维系。

然而，无论哪一种情况，孩子除了变得自卑、敏感、缺乏安全感之外，受父母负面情绪的影响，还会变得易怒暴躁。事实也证明，易怒的父母更容易培养出情绪不稳定的孩子。

那么，如果父母的情绪总是失控，如何才能培养出具有幸福感的孩子呢？

第一，如果父母的心态和情绪是平和的，那么受父母正向情绪的影响，孩子的心态也会积极阳光。为人父母，养育孩子，不可能没有一点儿难处，但如果父母愿意投入更多的时间和精力专心陪伴孩子，遇到难题，父母能够传递给孩子更多的正能量，不仅父母自身的情绪能够得到平复，亲子关系也能得以改善。

第二，一旦父母爆发负面情绪，就要积极主动地承认自己的错误，并为自己的态度或言行向孩子道歉。这种做法不仅能让孩子感受到父母对他的尊重，而且会让孩子明白：父母和自己一样都可能会犯错；如果自己日后说错了话或做错了事，也要敢于承认错误。

比如，父母可以这样说："我对自己刚才的做法感到很抱歉，我跟你道歉。""我不应该对你说那样的话，对不起。""刚才我的情绪太激动了，你能原谅我吗？"

第三，很多时候，抚养孩子的过程的确非常辛苦，如果父母不能很好地关照自己，那么面对一触即发的矛盾与冲突时，就很容易怒火中烧，让自己变成孩子眼里歇斯底里的父母。

为此，父母应从自我的角度出发，时刻问一问自己现在的状态是不是自己想要的，与伴侣的交流够不够多，夫妻之间是否经常讨论孩子的成长以及教育问题，自己的家庭是否定期有家庭计划，全家人是否都能为了某个目标凝聚在一起。

很多时候，你越是陷入生活的困境，越要学会联结自己的内心，体验自己的真实感受。无论是紧张、疲倦，还是愤怒、焦虑，都别把自己封闭起来。多和亲切友善、充满同理心的人相处，和他们诉说自己心里的感受，整个人也会轻松许多。另外，坚持阅读、运动和冥想，也能让你重拾冷静与从容，消除心理阴影。

疗愈童年创伤，做心智健全的父母

在养育孩子的过程中，父母无不希望能够给孩子幸福的童年，但现实却是总有一些情况让你陷入失控状态。特别是当孩子跟你无理取闹，又完全听不进你说的任何一句话时，你几乎没有办法控制自己，于是，你开始发脾气、大声吼叫，甚至做出更多的过激行为，结果导致亲子关系越来越疏离。

有时孩子的某些恶劣行为触及你儿时的创伤，让你的忍耐超出了极限，非常容易被激怒，以至于亲子之间的情感维系更是被大大削弱。

这些来自童年的创伤之所以会使你变得脆弱，往往是因为你从来都没有认真地反思过自己的行为，无法让自己从失控状态进入可控状态。而且作为成年人的父母总是害怕面对自己的感情，不是选择逃避，就是将自己的痛苦迁怒于他人。

事实上，如果你没有认真反思自己过去的行为，那么，过去尚未妥善处理的问题或童年留下的创伤就会使你的思维与行为产生混乱，特别是在充满压力的环境下，过往那些不好的经历会让你再次陷入失控状态，被悲伤、愤怒或恐惧等情绪淹没。

当你在这种状态下与孩子互动时，整个人会变得高度情绪化。这无疑会让孩子感到恐惧与困惑，以致言行举止非常不尽如人意，使你更为自己的情绪爆发而深感羞愧。如果这种隔阂总是反复出现而又没有得到很好的解决，孩子不仅难以信任你，而且这些经历也会潜移默化地影响他，使他的精神世界变得更加混乱。

相反，当你处于可控状态，在与孩子的互动过程中，总能做出符合价值观的选择，虽然这并不意味着亲子之间不会有矛盾，或是孩子永远不会受伤，但是你的理智而充满反思的思维将有助于亲子之间维持和谐亲密的关系。

虽然每个人都不可避免地要经历各种各样的创伤事件，但并非所有的创伤事件都会带来负面的影响。而且没有父母喜欢失控状态下的自己，以及在这种状态下自己对孩子的所作所为。那么，父母又该如何疗愈自己童年的创伤，让亲子关系更加和谐呢？

第一，作为父母，需要学会反思自己，增进自我了解，找到能够加强自我疗愈能力的方法。也许有人会问："童年已经成为往事，这种思考还有用吗？"事实上，深层的自我思考不仅能帮你全面地了解自己、了解他人，还能帮你尽可能地降低进入失控状态的可能性，这将直接影响你与孩子的沟通方式与亲子关系，促成孩子对你的安全依恋。

第二，当你忍不住想要冲孩子发火，或是感觉自己正被愤怒和过激行为困扰时，一个行之有效的办法就是停止和孩子互动。否则，情况很可能会变得更糟，不仅你的情绪会变得难以控制，孩子也会更加恐惧。

其实，真正觉醒的父母不仅知道如何接纳自身情绪的波澜，也知道如何尊重孩子的情绪。面对让自己心烦意乱的事情，要允许它在身体内潮起潮落，而不是立即做出消极的反应。

第三，父母作为孩子的第一任老师，要时常察觉和反思自己的行为，而不是一味地按照自己的想法控制孩子，或是过多地干涉他的想法与行为。为此，父母要时常问问自己："我为什么会那样做？""难道我的做法就真的对孩子好吗？"或是在每天睡觉前花几分钟想一想自己今天对孩子的所作所为，或是跟朋友诉说一下自己最近的教育困扰，这些对培养父母的自省能力都是十分有益的。

第四，还有一些方法，比如写日记、找一个倾诉对象，都能帮助父母加深对自己的了解。特别是当你即将进入或是正处于失控状态时，这种"远距离"的观察自己的方式能更好地帮助你了解自己的感受，改变失控状态对生活以及亲子关系的影响。

放下伟大的期望，积极应对"权力之争"

任何一个人，无论是成人还是孩子，在与他人交往时，一定会遇到一个问题，即力量和权力的较量。在家庭中，孩子似乎总是和父母进行着力量上的较量，而父母与孩子之间更是频繁出现激烈的权力之争。

当父母与孩子之间为了某件事情或某个观点而争论不休时，父母先是感觉自己受到了威胁与挑衅，然后心里会生出一种强烈的被击败的感觉。接着，很多父母就会用一些权力意味很浓的话来回应孩子："我有没有告诉过你……""看看，你都做了些什么？"可是，在孩子眼里，父母的这种无效干涉只会强化他们的行为。于是，亲子之间的冲突一发不可收拾。

以孩子玩手机这件事为例，大多数父母觉得孩子还小，不应该玩手机。可是，父母定的规矩又很容易压制孩子想要触摸、探索和学习的冲动。于是，一旦孩子遵从自己内心的召唤而违背了父母定的规矩，父母就会表现得非常生气、愤怒。而父母的快速反应又会立即改变事情的进程，结果引发一场激烈的权力之争。

在这场权力之争中，双方的目的都是尽可能地赢得对方，没有一方愿意让步。这就好比掰手腕一样，无论是孩子还是父母，都在努力寻找一个机会，试图让自己赢回来。事实上，当父母与孩子陷入这种争斗方式时，权力之争自然不可避免。

既然是争斗，就必然有一方占上风。占上风的一方会坚定不移地认为自己的做法是对的，而没有占上风的一方则会生出一种失败的感觉，总想找一个机会证明自己是对的。

也许很多家长会说，孩子小的时候，对于父母的要求还是很顺从的。可是，当孩子到了一定年龄，尤其是进入叛逆期后，总是试图寻找机会，跟父母争输赢。这时，如果父母仍然以权威的方式来管束孩子，要求他们顺从自己的意志，孩子非但不会做出任何积极的反应，甚至还会用暴力的方式来反抗父母。

从社会的角度来看，平等的关系意味着彼此之间的尊重与接纳，而权威的关系则意味着相互之间的控制、支配、服从和依附。当父母总是利用自身的权威给孩子下命令，或是用父母的身份强迫孩子接受自己的想法，却没有给予孩子表达自己的机会，就必然会引发亲子之间的权力斗争。结果，问题没有得到有效解决，而且一旦孩子被压迫的时间长了，就会把之前所有压抑的反抗情绪全都爆发出来，变得更加不听话。

值得注意的是，当父母与孩子陷入权力之争时，随着父母的情绪变得越来越差，孩子反而会把事态的发展看成是一件好玩的事情。当父母爆发出强烈的负面情绪后，会让孩子感受到自己竟然有这么强的力量。特别是对于那些刚刚萌发自我意识、觉得自己具备支配权的孩子来说，这是一个令人兴奋的发现。

那么，当亲子之间发生权力之争时，父母该如何应对呢？

第一，父母应该认识到，今天你与孩子的关系在一定程度上决定着明天他与别人的关系。为此，无论何时，都要避免在家庭中争输赢，而要积极地感知彼此的情绪和感受。父母应该让孩子知道你有多爱他，他是多么的重要。同时，父母可以鼓励孩子参与问题的解决，或是主动请求孩子来帮忙。

第二，为了让双方的注意力从权力之争中转移出来，并朝着合作的方向努力，父母要记住：孩子有提出自己的要求、表达自己意见的权力。无论怎样，父母都不要用轻蔑的态度对待孩子。否则，一个对父母失去好感的孩子只会压抑自己的力量。最好的亲子关系，应该是父母成为孩子最忠诚的合作者，努力促成双方积极的合作，而不是对孩子提出各种各样的要求。

第三，父母还要学会以恰当的方式给予孩子权力，赋予孩子积极的力量，帮助孩子完善自我、掌控生活所需的各种技能。不论孩子是犯错，还是走了弯路，都是其成长过程中的宝贵经历。把自主权还给孩子，充分信任孩子，孩子自身的力量才会通过他的权力得到释放，亲子之间的权力之争自然也会得到消解。

焦虑的父母，请给予孩子从容的成长空间

生活中，有很多焦虑的父母，虽然他们真心希望能和孩子保持一种充满温暖、持久且有意义的关系，真心希望孩子能成为一个人格健全的人，但是在养育孩子的日日夜夜，他们仍然时常会感到焦虑。

尤其是当整个社会"鸡娃"的现象越来越白热化时，父母的情绪更是愈发焦虑。这些父母一听到别人家的孩子报了一个兴趣班，就会蠢蠢欲动；一看到别人家的孩子学习成绩好，就会时刻关注孩子的分数；一看到孩子闲着，他们就忍不住唠叨："怎么还不复习？这样下去怎么考得好？"

为何父母会如此焦虑？根源皆来自他们内心的恐惧。因为他们害怕孩子将来连自己都不如；担心孩子像自己一样被别人"看不

起"；担心孩子的成绩如果不够优秀，就不能实现"阶层跨越"，成为"人上人"；害怕孩子像自己一样，无法摆脱"面朝黄土背朝天"的命运……

可是，这些沉浸在恐惧之中的焦虑父母，是没有心力看见孩子的存在的。当孩子被他们上紧了发条，家里天天鸡飞狗跳时，他们只想看见孩子的成绩、"大好前程"，却看不见孩子的疲惫、压抑和渴望自由的需求。

长此以往，有多少孩子因为承受不住高强度的负荷而走向另一个极端；又有多少父母面对教育孩子的诸多问题时，很难再做出理智的决定，习惯于按过去的管教方式来控制孩子的感觉和行为。而且，父母的焦虑会延续到孩子身上，肩负重压的孩子又可能进一步加重父母的焦虑，于是，全家人都陷入焦虑情绪日渐严重的恶性循环之中。

要想使亲子之间保持和谐亲密的关系，父母认清自己何时焦虑、为何焦虑，是极为重要的一件事。和其他任何一种情绪一样，焦虑也是一种无法回避的自然情绪，你要学会允许这一情绪的产生，并与之和平共处。

当你被焦虑情绪困扰时，心里难免会产生一些感受或体验。这时，任何能够被你控制的人，都会被你牢牢抓住。此时，你往往会打着"我都是为了你好"的名义，逼迫孩子成为一个"有前途"的人。结果，你的焦虑反而造成了自己与孩子日复一日的对立，而这样的对立只会把孩子逼到一个没有任何选择的死角，最终激起他们的强烈抵抗。

那么，父母该如何缓解养育孩子的焦虑呢？

第一，每个孩子都是生命的恩赐，如果你想养育出一个幸福、快乐、有自信的孩子，同时活出自己生命的丰盈和满足，那就要接受生活的本来面目，并认真地告诉孩子："我爱你，仅仅因为你是我的孩子，和你是个什么样的孩子无关！"让孩子知道，做一个有温度、有价值、有生活趣味的人，也是一种成功。

第二，当你忍不住想对孩子大声呵斥、苛责时，不妨问问自己："此刻，我的情绪为什么会一触即发？""我的内心还有哪些悬而未决的旧事或是没有妥善处理的创伤？"承认自己的不完美，正视自己内心深处的恐惧，与自己达成和解，才会有能力、有精力看见那个被自己忽略的孩子。而这一切终将会为你和孩子带来更多积极的帮助。

第三，无论自己多累，都不要将负能量传给孩子。虽然你劳累一天很辛苦，但家始终是一家人依靠的港湾，父母始终是孩子成长的一面镜子。父母积极地看待生活，孩子才能看到生活中的善意；父母乐观地面对生活，孩子才能学会情绪稳定地处理问题。

第四，在教育孩子时，你一定要尊重孩子的成长规律，保持平和的心态，避免盲从和攀比。你要相信世间万物皆有定时，无论是播种，还是花开，都遵循这样的道理。孩子处于哪个阶段，就应让他们做这个阶段的事情。不是大人反复催促，孩子就能做好一切的。同时，即便你眼中的孩子满是缺点，也要用心发现孩子生命里的光芒，因为你的肯定与鼓励会带给孩子无限的可能。

Part5 语言的力量

父母与孩子的沟通方式，就是孩子未来与世界的沟通方式

父母与孩子之间的沟通是一门有规则的艺术，而语言本身既能制造快乐，也能产生敌意。怎样的沟通可以让父母和孩子之间产生亲密之感？怎样的沟通能让鼓励和引导发挥更好的效果？怎样的沟通能更好地帮助孩子应付难题？……好的养育需要更有效的沟通技巧。

你说我听，就是最有温度的共鸣

现在，如果孩子对你说了这样一些话：

"我不想睡觉！"

"我想买跟他一样的东西。"

"我讨厌去医院！"

"没有人愿意和我一起玩！"

想必很多父母会习惯性地这样回复孩子：

"现在必须睡觉——都玩儿了一天了，明天还得上学，你知不

知道？"

"你什么时候才能有自己的主见？"

"还要让我跟你说多少遍？生病就要去医院，你怎么连这个道理都不懂。"

"你这样想是不对的。你有那么多的好朋友呢！"

很显然，这些父母只是希望能改变一下孩子的想法与行为，努力说服他们不要有那样的情绪。但父母的这种沟通方式不仅不能平息孩子强烈的情绪，反而会成为习惯性的唠叨和说教，或是给孩子贴标签。

回想一下，如果你的孩子总是拒绝听你说教，讨厌你的批评和指令，或是干脆不跟你说任何事情，那么，这种毫无意义的沟通只会让亲子关系产生距离和隔阂，让孩子感觉自己不被重视，并极力为自己辩解，甚至还可能导致争论，让双方都感到很沮丧。

之所以会出现这样的结果，往往是因为父母没有真正理解孩子，亲子之间缺乏有效的沟通。作为成年人，你一定经历过伤心、困惑、害怕或是愤怒的处境，然而，越是在这种情绪激动的时候，越需要来自他人的倾听与理解。

试想，如果你正因为一件事而郁郁寡欢，这时身旁的人却对你说："最近，你的肤色看起来好差，脸上没有一点儿光泽，你真该好好收拾一下自己。"相信类似这样的话一旦听得多了，你多半就会把对方当成瘟疫一样避之不及了。

和成年人一样，当孩子遇到让他感到沮丧、愤怒或是焦虑的事情时，恐怕没有什么比他人的聆听和理解更能让他感到安慰的了。父母积极地倾听可以给予孩子理解与慰藉，这种设身处地的沟通方式要远远胜于对孩子没完没了地进行批评、说教和指令。

以上面的情景为例，相比父母急匆匆地给出评价和意见，更应该向孩子传达出一个完全不同的信息：

"我知道你正玩得开心，马上停下去睡觉确实有点儿失望。"

"听起来你似乎很在意别人有什么而你却没有，你能跟我多说说吗？"

"去医院看病这件事是挺让人头疼的，有时我也会有这样的感觉。"

"我很理解你，被别人忽视的感觉是不太好受。"

很多时候，当孩子处于强烈的情绪中时，对于你提出的建议、意见或建设性批评，他都是没有办法接受的。

此时，如果你想帮助孩子走出困境、解决问题，就应该表达出对孩子的尊重以及倾听的意愿。你要让孩子知道，在你的心里，他是最重要的，你很愿意听他讲话，你也非常希望能明白他此刻的心情。

在上面的沟通方式中，看不到任何的批评、指责，取而代之的只有父母对孩子的理解与尊重。当父母与孩子的沟通建立在彼此尊重的基础上，并且能给予孩子足够的理解和支持时，孩子才更愿意接受父母提出的建议或意见。而且亲子之间建立的这种和谐关系，不仅能帮助孩子更好地理解自己的感受，也能教他们学会如何用恰当的方式表达这些感受。

值得注意的是，孩子作为一个社会人，同样需要与能够理解、鼓励和支持他们的成人构建联系。当你学会倾听孩子，善用积极的语言描述他们的感受，他们就能感受到更多的理解、共情与支持，这对孩子的智力、情感、社交等方面的发展都非常有益。

那么，父母怎样才能知道孩子的心情呢？那就是无论多忙，都要尽量多陪陪孩子，和他聊聊天。父母切记：在纠正孩子的任何行为之前，都要先处理好他们的情绪问题。

比如，如果一个孩子在陌生人面前总是表现得很害羞，做事缩手缩脚，不要逼迫他做出落落大方的举动，而是先试图理解他的感受："我知道那一定让你觉得很尴尬。""对你来说，恐怕没有比这更糟糕的了。"然后，才是帮助孩子应对难题。当孩子的心情平复下来时，才能理智地思考，并做出正确的举动。

面对一团糟的生活：回应，而不是反应

想必没有哪位父母一早醒来就愿意看到生活的凌乱不堪，可现实生活往往充满了无休止的麻烦与冲突，以及突如其来的危机。

周一的早晨，闹铃一响，一切都好像乱套了。跟往常一样，Andy不得不拖着一身的疲惫起床，然后，尽快做好出门前的准备工作。

从起床到现在，Andy已经催了儿子三次"该起床了"，但他仍然没有任何回应。她顿时变了脸色，怒气冲冲地从厨房直奔卧室，大声吼道："都几点了，还不起？"

看着如此暴躁的妈妈，儿子不情愿地从被窝里钻了出来，语气极不耐烦："我的衣服呢？"

Andy一听，火冒三丈："你在跟谁说话？"儿子直愣愣地看着她，没有任何道歉的反应。

眼看时间不早了，Andy忍不住又指责道："你自己不会找吗？都多大了，这点儿事都不会做吗？"

这时，从厨房里冒出一股鸡蛋煎煳的味道。爸爸看着焦煳的鸡蛋，习惯性地跟Andy牢骚了一句："你什么时候才能小心点儿？"

此时，Andy的心情简直糟透了，分分钟都有破口大骂的冲动。

…………

无论何时，与孩子的对话都是一门极具挑战的艺术，尤其是当彼此的情绪都非常强烈，生活陷入一团糟的时候。在这种情况下，父母首先要立即感受并理解孩子发出的信号，并及时做出相应的回应。

这就好比婴儿刚出生时，格外需要父母和他进行积极的互动。无论婴儿是笑了，还是发出咿咿呀呀声，父母都要及时用类似的方式给予积极的回应，然后停顿一下，耐心地等待婴儿的再次回应。事实证明，孩子的身心健康就是在这种亲密沟通的基础上逐渐建立起来的。

现在，请你重新梳理一下案例中父母的处理方式。

面对养育孩子的难题，不少父母总会脱口而出："你怎么总是这样？""什么时候你才能学会自己的事情自己做？""我跟你说了多少次？"……可是，你知道吗？当你这么说的时候，可能你的心情会好受一点儿，但无论是对问题的解决，还是对彼此情绪的管理都没有任何帮助。

生活中，我们经常会看到或经历类似这样的事情：孩子做错了事或说错了话，如果父母直接做出无礼甚至是带有侮辱的反应，孩子必然有样学样。结果，父母一气之下，予以反击，或高声斥责，或肆意处罚。而这又如火上浇油，只会让问题愈演愈烈。

在养育孩子的过程中，但凡遇到冲突或矛盾，父母应该尽力感受孩子。也就是说，你以怎样的态度对待孩子不应取决于过去固定的心智模式，而是取决于当下的情形，父母要根据孩子实际发出的信息做出适时的回应。

在上面的对话中，显然父母试图以理压人，并且频繁地用权威、生气来以势压人，这样反而会在孩子的头脑中形成这样一个逻辑：事错了，就是人错了。而孩子的情绪与感受，却从未被大人真正地接纳和回应过。

其实，越是平常的生活细节，越是孩子实现自我成长的好机会。当然，前提是父母要善于留意孩子发出的信息。无论此时你的心情是好是坏，你的一言一行都不能被自己的想法和感受占据。就算你不能立即理解孩子，也要知道他的所有行为都是在向你表达想要满足某种需求的愿望。这样，不仅孩子得到了理解，他的情绪得到了释放，亲子沟通也会变得顺畅。

继续以起床这件事为例，当你好言好语、耐心耗尽时，千万不能让自己被负面情绪摆布，而是要尽力了解孩子内心的感受，找到与他的契合点。为此，你可以试试下面这些表达方式：

"还没睡够，就喊你起床，你感到很生气，对吧？"

"我猜你一定还没睡醒，还想接着睡。"

"你一定非常希望上学的时间不要那么快就到来。"

"你是不是觉得要是能再睡一小会儿，该有多好！"

不少父母遇到孩子的不当行为时，往往意识不到这其实与孩子不安的情绪有关。因此，无论何时，在你努力纠正孩子的不当行为之前，一定要先针对孩子的情绪给予积极的回应。特别是当孩子感觉心烦意乱的时候，更要主动关注他们的情绪，并给予同情和理解。这样，孩子才能从纷乱中恢复平静，并集中精力关注当下，从而做出正确的思考与行为。

怎样说，才能让孩子积极合作

对父母而言，学会鼓励孩子和自己合作，也是亲子沟通中非常重要的一点。它将有助于减少你对孩子的训斥和指责，形成健康的亲子依恋关系。但教育孩子养成良好的卫生习惯、礼貌待人、专心做事、作息规律……从来都不是一件轻松的事情。只要父母和孩子在各自的需求上存在矛盾，那么，教导孩子的言行要符合社会规范就永远都是一项艰巨的工作。

当孩子坚持认为"我要干我想干的"，而父母的态度却是"按我说的做"时，父母如何做才能鼓励孩子与自己合作呢？

第一，为了让孩子发自内心地与父母建立长期合作的关系，亲子之间要互相尊重，这对孩子的一生都非常受用。特别是在民主、自由、平等深入人心，而反复说教、严密监视、惩罚、贿赂等养育技巧不断受到挑战与质疑的情形下，父母更应以平等、尊重的态度对待孩子。这样，孩子才能适应当下的社会大环境，父母也才能得到孩子的认可。

其实，每个人都希望得到他人的理解与支持，孩子也不例外。特别是心智发育尚不成熟的孩子，更需要得到大人的尊重与理解。因此，学会倾听孩子的声音、尊重孩子的选择、接纳孩子的行为永远都是合作的前提。充分的尊重与信任不仅可以让孩子好好反省自己，也有利于培养孩子的进取心、主动性。

第二，父母要支持并鼓励孩子参与规则的制定以及行为的实施，这会在一定程度上减少孩子的反叛行为，避免亲子之间陷入权力之争。

举例来说，针对外出玩耍和做作业之间的冲突与安排，父母可以和孩子一起进行头脑风暴，问他一些启发性的问题。比如："你觉得什么时候做作业效率会更高？""你会怎么平衡玩耍与写作业的时间？""在写作业的过程中，如果你违反了规定，打算怎样解决？"……通过这些讨论，孩子不仅能学会对自己负责，从中感受到自己的力量，也更愿意遵从这样的约定。

第三，亲子之间要事先列一张任务清单，写下你希望孩子每天完成的任务。开始阶段，最好从小事做起，而且每项任务必须简单明确，易于考量和执行。如果孩子完成了某项任务，就要及时给予相应的奖励，比如，积分换取小礼物等。开始阶段，这些任务可以是每天都要做的有规律的事情，比如：按时起床，自己穿好衣服，自己洗漱，每天都在规定的时间出门，检查出门前所要带的东西，等等。随着孩子的问题行为大大减少，你可以补充一些新任务，并和孩子一起商量，增加一些积分值更大的奖励，可以是孩子感兴趣的课外活动，也可以是孩子想要的书籍或玩具等。不过，这些活动要尽量在孩子力所能及的范围内，并让孩子觉得合情合理，有换取的可能性。

第四，在与孩子相处的过程中，父母还要学会在孩子面前表达自己的感受。这可以让孩子学会站在父母的角度，体会和理解父母的心情。这样，原本可能爆发的冲突就会得到化解，亲子关系也会远离愤怒、沮丧、痛苦的恶性循环。

父母善于表达自己的情感，特别是不悦的情绪，不仅可以减少自身的压力，还能提高父母关注孩子、理解孩子的能力。也就是说，当成人知道自己内心的诉求是什么，也就能设身处地地理解孩子的想法。显然，这对建立长期合作的亲子模式有着重要的意义。

第五，无论何时，父母都应把爱的信息传递给孩子，并给予孩子高质量的陪伴。孩子只有在获得足够的归属感、价值感、安全感的基础上，才能追求能力的增长与技能的成熟。此时，孩子不仅行为表现更好，也更愿意听取父母的建议，与父母达成长期合作。

夸奖就好吗？你会赞赏你的孩子吗？

大多数父母相信夸奖孩子可以让他们变得更乖、更自信。但实际情况却是，夸奖很可能导致孩子出现负面情绪或行为失当，甚至让他们感到不安。为什么会这样呢？因为这些夸奖之词背后往往有着惊人的破坏力。

下面这些对孩子的夸奖之词显然是无益的：

"你画得真棒！"

"加油，你一定可以的！"

"你真是妈妈的好帮手！"

这些泛泛的赞美语或评价看似表达了父母对孩子的肯定与欣

赏，但通常会让孩子感到不安。他可能觉得自己离一个优秀的孩子还差得远呢。而且这样的称赞听得多了，孩子在完成某个任务或是做某件事情时，脑子里想的不是如何把事情做好，而是能否得到大人的夸赞。一旦大人的夸赞停止，他们的好行为也会终止。

还有一些时候，父母的夸奖俨然就是敷衍，时间久了，孩子就会丧失斗志。当孩子开心地跟你说："爸爸，今天的作业写完了！"你却只顾着玩手机，随口说了一句："真棒！"这种不假思索的表扬最容易影响孩子的积极性，让他怀疑自己的能力，同时也会让孩子变得盲目自信，混淆是非观与判断力，最终影响孩子的提升和进步。

而且如果孩子频繁地被大人夸奖，当他面对具有挑战性的任务时，第一反应通常不是思考如何做好准备面对挑战，而是陷入习得性无助，不敢正视问题，不敢向困难发起挑战，因为他们不愿冒险失去自己在大人心中的"好孩子"形象。久而久之，孩子只会困在负面情绪和寻求鼓励之中，以致失去很多自我成长的机会。

既然这样的夸奖是不被认可的，那么，怎样的夸奖才是令人满意的呢？研究发现，那些经常受到基于过程、基于努力而被夸赞的孩子，更容易培养出成长型思维模式，相信他们所取得的成就是基于自己后天的努力。也就是说，这些孩子在面对问题时，不论是一道难题，还是社交障碍，都会更加坚韧，能以积极的态度面对问题。即使失败了，也不会轻易否定自己，而是主动从过程中分析问题，这就不断提升了他们的能力和技能。

接下来，继续以上面提到的无益夸奖为例，分析一下怎样的称赞才是让人满意的。

让人满意的称赞：你的画有进步了，画出了对光面和阴影面！

（无益的称赞：你画得真棒！）

当孩子的能力在某种程度上得到提高，父母要多就细节、具体行为进行表扬，而且越具体越好。这样孩子就会多注意细节，对哪些是好行为也会非常清楚。

让人满意的称赞：尽管很难，你还是没有放弃，一直坚持到最后。

（无益的称赞：加油，你一定可以的！）

当孩子尝试有挑战性的事情时，比如学习一项体育技能、破解一道习题，特别是在多次尝试仍然失败的情形下，肯定他的毅力与耐心更能够给孩子带来动力与信心。

让人满意的称赞：你把我们的房间收拾得这么干净，不仅找东西方便了，而且心情也更加愉悦了。

（无益的称赞：你真是妈妈的好帮手！）

孩子能把家里的物品收拾好，是做事有条理、有责任心的体现。一个孩子能把小事做好，做大事、难事也会更用心。

相比毫无益处的称赞，令人满意的称赞是父母明确表明对孩子在表现、毅力、努力等方面的肯定、欣赏与支持。言辞中要传达出父母对孩子努力的认可、尊重与理解。为了更好地表达你的欣喜与赞赏，还可以就某些给你留下深刻印象的场景或细节进行详细的描述。虽然，对父母而言，这需要一点儿努力才能做到，但是相比那些过度夸赞孩子的品性或是人格的做法，更能使他们对自己及周围的世界抱有积极的看法。

孩子不是麻烦的制造者——无惩罚的养育观

　　孩子犯了错，父母往往会因一时之气而惩罚他们。惩罚就像是植入这些父母大脑的程序，只要孩子不按规矩做事就得接受惩罚，似乎唯有惩罚才能解决问题。

　　比如，当家中的长辈为犯错的孩子求情时，这些父母常常会怒回："现在不打他几下，以后还会再犯。"这些父母俨然把惩罚当作纠正孩子不良行为的金科玉律，如若不惩罚孩子就是对其错误行为的默许。如果孩子在某件事上总是屡教不改，父母就认为是惩罚力度不够。结果，父母惩罚得越狠，孩子离父母就越远。

　　还有一些父母在养育孩子的过程中，总希望看到立竿见影的成效。如果孩子的表现不合他们的心意，他们就会对孩子采取非吼即骂、拳打脚踢的方式。

虽说惩罚有时候看似能起到端正孩子行为的作用，但如果孩子长期生活在这种缺乏尊重、理解与沟通的成长环境中，难免会认为人与人之间的关系就是强权、敌对和控制。一旦孩子听多了父母对自己的负面评价，比如"你不是个好孩子""你的行为非常恶劣"，就会怀疑自己的能力，活在"品行不端"的阴影中，与父母的感情也会日渐疏远。

更讽刺的是，孩子越是被这种充满恐惧与顺从的生活所束缚，越容易失去自信、妄自菲薄，甚至停滞不前。而且严厉的惩罚对孩子的大脑发育也会造成一定的负面影响。更有甚者，孩子进入青春期和成年后，会做出一些反社会的行为，以此来发泄自己的情绪。

其实，很多时候，孩子的行为并没有那么糟糕，成人若是不能对孩子有更正确的认识与理解，只是一味地将自己过去接受的教育方式不假思索地复制在孩子身上，就很难让他们成长为健全的人。事实上，孩子犯错的时候，不以惩罚的方式来教育他们是完全有可能的。这里就介绍几种方法。

第一，父母可以和孩子一起制定规矩，这样不仅能引导孩子做出正确的选择，学会思考与判断，更能鼓励孩子努力照正确的方法去做。久而久之，孩子就能逐渐学会控制自己的行为和情绪，也会因此变得快乐自信，更能适应社会。

对于你们定的规矩，如果孩子提出质疑或反对意见，你应该允许他提出自己的看法，而不应该把这看成是对父母权威的挑战。一番沟通后，虽然孩子显得不愿意，但仍然选择了正确的做法，就不要指责或是责骂他。毕竟，你更希望看到孩子是因为明事理而自愿遵守规则，而不是怯于你的惩罚才遵守规则。

第二，生活中，不少父母经常惩罚孩子，事后又会为自己的行为感到歉疚。对于这些父母来说，承认并接纳自己养育孩子时的矛盾心理，虽然不能帮其立即缓解内心的焦虑，但学会换位思考，对孩子的表现多一些理解，总能帮其不再放大烦恼，而是学会将精力集中于理解孩子行为背后的真正原因上。

比如，孩子打小朋友，也许只是想要告诉对方不要拿他的玩具；孩子打碎花瓶，也许只是对上面的装饰感到新奇。评判孩子错误行为的标准，不应单纯地从成人的角度来考虑。对于成长中的孩子，再普通不过的行为，也有其背后的意义。对此，父母可以这样说："听到你说……看到你做……我很不欣赏。但我更想知道你为什么会那么做？"

第三，要告知孩子，怎样的行为是你可以接受的，怎样的行为是你不可以接受的，让孩子知道一个明确的界限。如果孩子确实犯了错，你应该就事论事，并用合适的方式予以惩戒。

在很多情况下，得不到奖励就相当于给了孩子一种惩罚。当孩子得知自己会失去奖励时，很可能会闹脾气，甚至愈演愈烈。你可以把孩子带到一个安静的地方，用温和、平静的语气跟他讲话。如果孩子的情绪不够冷静，那就多些耐心，并多给孩子一些时间。但有一点要注意，你不能用报复或嘲笑的语气跟孩子讲这些，你的目的是要告诉孩子以后还有改正的机会，而不是让他对自己失去信心。

Part6 关键时期的养育

让教育回归理性与从容，做智慧父母

　　一个孩子从出生、入学、毕业到就业，教育始终是支撑他们健康成长的整体系统。父母在孩子成长的关键时期，寄托了怎样的期许，做出了怎样的榜样，伸出了怎样的援手……这一切，都将汇入养育孩子的洪荒之力中，并且必将成为孩子成长中最强大的一股力量。

幼儿期：在放手和规矩之间取得平衡

或许你几乎从不觉察和知晓，处于幼儿期的孩子看起来好像很弱小，但他们的内在却蕴藏着一种强大的精神能量与潜能，开始越来越多地探索全然属于他们自己的世界。

比方说，这一阶段的孩子特别喜欢玩水、玩沙子，只要把他们带到有水、有沙子的地方，任何其他活动都干扰不了他们；他们经常会在家里的墙上乱涂乱画，就连衣柜、沙发、衣服上都能看到他们的涂鸦；他们总是充满热情地把积木垒高、推倒，再垒高、推倒。对这一时期的孩子来说，每一刻都是崭新的，每一处情境都是令人振奋的。

但对不少父母来说，却是一个艰巨的挑战。毕竟一直以来，你总是为孩子吃得好不好、穿得暖不暖、玩得快不快乐等一切与他相关的事情而辛劳、操心。可是，结果又怎样呢？孩子因无法体会到自己把饭菜吃到嘴里的乐趣而很难爱上吃饭；孩子因被父母剥夺了自己穿衣穿鞋的机会而不懂感恩，不会与人相处；孩子因害怕被父母责骂弄脏了衣服而不敢玩水、玩泥巴。然而，当眼前的孩子不是你理想中的完美孩子时，你的焦虑更是与日俱增。

衣服脏了可以洗，系不好鞋带就多试几次；墙上满是涂鸦，就权当限量版定制墙纸。但心若被禁锢了，就会破坏孩子的自然成长规律。作为父母，不能无视孩子的成长规律，不能用自己的想法桎梏孩子的思想，而是应该充分尊重并鼓励孩子按自己的生命节奏去成长。孩子一旦脱离了父母为他们营造的保护罩，往往更愿意将时间和精力投入他们感兴趣的事情上去。有了这样的基础，亲子之间必定会有很多美妙的体验与欢乐。

不过，随着孩子自我意识的发展，孩子逐渐表露出自我的个性，对父母的挑战也随之而来。他们莽撞又让人难以捉摸，任性又渴望关注，情绪时而躁动时而欣喜，尤其是在父母还要兼顾事业的状况下，家庭生活总会陷入混乱无序的局面。

可以说，幼儿时期是一个复杂而棘手的阶段。作为父母，你的角色不仅要养育好孩子，还要学会如何在"放手"与"规矩"之间找到平衡，这也意味着孩子能否在亲密依赖与独立自主中找到平衡。那么，父母又该怎么做呢？

第一，父母要多站在孩子的角度，允许孩子行使自己的权利。当父母发现孩子越来越有主意时，就应该认清这其实是孩子的成长趋势，是他们自我意识的自由绽放。父母不要揠苗助长，应该不断向外延伸你的爱与宽容，允许孩子按自己的节奏成长——在开放的空间，释放自己的想象力，自由地游戏。这样，孩子才能有机会不断发展他们的创造力、好奇心与独立性。

第二，在孩子通往独立的道路上，父母也必须让他们明白，一个人的言行举止不能没有限制。比如，你和孩子发生冲突时，他不停地叫嚷、号哭，无论怎么安慰也不停下来，甚至对你又踢又咬。这时，你可以看着孩子的眼睛，坚定地告诉他不许再闹。如果孩子还是闹，就让他停下手上的活动，并告诉他："现在，你得去面壁思过。"

两三岁的孩子面壁思过时，你需要站在一旁看着他。在这个过程中，不要和孩子说话。待孩子情绪平静后，冷静地问他："为什么要那样做？""除了吼叫，还能怎么做？"通过这种方式，可以帮孩子学会反思自己的行为，控制自己的情绪。

幼儿一面享受着与父母亲密的生活，一面竭力发展自己的个性。因此，你可能随时都会看到他们自发的冲动，以及意想不到的状况。对父母而言，如何引领孩子勇敢地独立成长，不仅是挑战，更是机会。

报早教课有必要吗？什么才是好的早教

近年来，在教育领域，涌现出大量全新的教育理念、教育方法。作为父母，你常常自我激励：时代不同了，父母的教育理念也应与时俱进。但是面对新的时代、新的教育理念以及新的教育方法，父母也经常有应接不暇之惑。

自从有了孩子，为人父母最担心的事情之一就是生怕他们输在起跑线上。于是很多父母早早就把孩子送入各种早教机构，认为这样做才是对孩子负责。但早教对孩子真的有用吗？没有给孩子报早教课就是父母的失职吗？

接触过早教机构的父母大多有这样的体会：这些机构通常以开发全脑、提高智商、培养社交技能等噱头为名，来吸引家长们报名。在早教课上，老师大多通过游戏、音乐、互动等有趣的方式，将孩子的语言、精细动作、抚触等各项练习融合在一起，以刺激孩子各方面的发展。

但很多家长实际体验后，往往会发现，自己斥巨资买下的课程可能完全与自己的期待值不符合。比如，孩子可能刚对自己挑选的教具萌生兴趣，可是按照进度，这个环节一结束，所有教具就得收走，显然这对孩子专注力的培养并无帮助。早教机构的孩子大多年龄偏小，很容易控制不好自己的情绪和行为。上课时，有的孩子哭闹，有的孩子到处乱跑，势必会影响早教课的效果。

让父母幡然醒悟的还远不止这些。也许不少家长的初衷是好的，但是当你把早期教育完全寄托在所谓的早教课上，就很容易忽视在生活中给予孩子有效的陪伴。孩子一出生即具有情感，需要父母的关爱和温暖。尤其是在早期阶段，父母作为孩子的第一任老师，更应给予孩子足够的爱与关注。父母闲暇时，多陪陪孩子、抱抱孩子、和孩子一起做游戏就是最好的早教和关爱。

如此说来，带孩子上早教课也并非必需。如果父母给孩子报早教课，只是担心自己的孩子落后于别人家的孩子，那就一定要认真地思考一下你的教育诉求究竟是什么。

其实，针对早教班进行的各种活动，父母完全可以通过在孩子的不同生长阶段为其提供相应的玩具、绘本，或是在家里展开一些亲子游戏来实现。当然，父母还可以多带孩子去公园、儿童乐园等场所，这不仅能锻炼孩子的运动能力，还可以让孩子增长见识，感受大自然的美好。关键是这些活动渗透着亲子之间的联结，所以无论是发展孩子的语言能力、构建亲密关系，还是引导并鼓励孩子自由、快乐地探索生活，都能发挥长久且持续的积极作用。

可以说，只要父母能主动放下身段、放下手机，把自己调到和孩子一样的频道，就算是面对面地和孩子促膝而坐，也能调动起他们的兴趣，激发他们了解自己、探索世界的欲望与热情。

事实上，有养育意识的父母早已认识到与孩子相处的真谛，那就是全身心地加入孩子的世界，成为会玩游戏的父母。在此过程中，你只需带上所有的智慧和法宝，全身心投入地陪孩子玩游戏，并提供给他们所需要的一切帮助。一句话，怎么玩最有趣就怎么玩，尽管有时有的方式可能会令人崩溃。不过，养育好孩子，真的就是这么简单——父母先蓄满自己的杯子，让自己成为有趣的人，孩子的世界才会多姿多彩。

而且研究也证明，无论父母是亲自养育孩子，还是请别人（长辈、保姆、早教老师）帮忙，要想孩子健康成长，首先要满足他们的基本需求，即孩子的成长需要多样化的环境，需要通过多种方式发现、探索和了解这个世界。显然，这其中的意义远比早教课要深远、积极得多。

总之，无论是否给孩子报早教课，养育的核心终究还是要回归到家庭教育上。当你如此践行的时候，就会发现，教给你最多的正是你的孩子。活在当下，用心感悟生命中最为宝贵的几年，你和孩子都将体验到生命的乐趣与活力。当然，有了潜心耕耘，自然也会有花开的一天。

孩子要上学了，应该做好哪些准备

在孩子成长的每一个阶段，父母和孩子面临的课题都不同。对处于入学年龄的孩子来说，小学可以说是他们接受学校教育的起点。它不仅是孩子成长路上的一个里程碑，也是家庭生活标志性阶段的开始。在这段学习生涯会发生许多美好的事情，也会出现许多父母与孩子需要共同面对的问题与挑战。

那么，父母和孩子应该做好哪些准备呢？

第一，由于大多数小学只提供午餐，如果家里没有长辈可以帮忙分担一些家务，父母就得提前对自己的工作和生活安排进行调整，既要保证每日早餐的营养搭配，又要力求做到按时接送。这就意味着，父母和孩子要具备良好的时间管理能力，有条理地安排好各自的生活和学习。为此，父母可以和孩子一起商量，制订一个时间规划，比如几点起床、几点出门、几点接孩子、回家后的时间如何安排等。一旦规划好，就要坚持执行下去。

比如，在接孩子这件事上，父母不要觉得晚几分钟不要紧。毕竟孩子刚接触新环境，若是一出校门就能见到父母迎向自己的笑脸，对培养他们的自信心和自我认同感都非常重要。

比如，孩子回家后、开始做作业之前，父母可以根据每次的作业量，和孩子预估一个时间。为了让孩子对时间的长短有一个清晰的概念，可以借助有表盘的钟表，帮助孩子养成专心完成作业的习惯。

再比如，睡眠对孩子的生长发育、学习和记忆能力非常重要。但受新环境的影响，不少孩子会出现不同程度的激动、紧张、兴奋等情绪，此时保证合理科学的睡眠时间就尤为必要。这样，孩子每天才能有充沛的精力和良好的学习状态。

第二，如果孩子放学后，家长还没有下班，如何安排他的学习和生活也很关键。现在很多学校都开设了课后管理班或兴趣班，这是学校提供给家长的便利，收费基本都不高，老师也都来自本校。此外，很多学校附近也开设了这样的课后管理机构。对家长来说，是选择校内的还是选择校外的，需要预先做好规划。

但无论如何选择，父母都要做到每天至少能抽出一定的时间关注孩子当天的学习与生活情况，特别是学习上要做到温故知新、由浅入深。

第三，孩子刚刚进入一个新环境，面对陌生的老师和同学，如何交到好朋友，对他们来说也是一个不小的考验。父母可以多留心观察孩子每天放学后的状态，必要的时候不妨帮帮忙。比如，放学后，鼓励孩子邀请同学到家里玩，教孩子如何做好小主人；鼓励孩子响应同学的邀约，到别人家做个有礼貌的小客人；周末或节假日，几个家庭一起带着孩子去公园、博物馆玩。

第四，孩子进入小学，班主任就是他们在学校里最信赖的人，而孩子和班主任之间的关系如何，也直接影响着孩子的校园生活。为此，父母和班主任之间的沟通非常重要。

比如，父母要格外重视孩子每一次的家长会，借此可以对老师有一个了解；发现孩子在学习或生活中有什么问题，要及时联系老师，沟通时既要结合孩子的情况，也要尊重老师的意见；孩子在学校难免犯错，如果老师反映孩子的某个问题，父母要冷静，对老师的描述做细致分析，并肯定老师对孩子的教育和帮助。另外，放学接孩子的时候，也是和老师快速沟通的好机会。谈话之前，家长要先把问题和想法捋清楚。如果需要更长时间的沟通，也可以和老师约定好时间。

第五，作为父母，还应看到自己的品行与气质带给孩子的熏陶与影响。在一个家庭中，良好的学习氛围，是孩子未来能走多远的关键因素。如果父母能专注于自己的事情，并为完成心中的目标而坚持不懈地努力，孩子在耳濡目染之下，自然也会养成专注学习的习惯。

孩子写作业，父母陪什么、怎么陪

在很多家庭中，孩子写作业是最让父母感到头痛、焦虑的一大难题，俨然成了许多亲子冲突的源头，真可谓"不辅导作业母慈子孝，一辅导作业鸡飞狗跳"。

大多数情况下，很多孩子一开始写作业，父母就目不转睛地盯着，一旦发现孩子写错了或是不会做，就立马给孩子指出来："好好想一想，到底写什么？""这一横写直了。"……父母的指指点点看似很负责任，但这种立刻打断孩子予以纠正的做法是不可取的，不仅会干扰孩子的专注力，还会阻碍孩子独立思考能力的发展。

也有不少父母为了孩子可以专心地写作业，总是扮演着"监工"的角色。对于还没有养成写作业习惯的孩子来说，适当的监督是可以的。但如果孩子已经上小学三四年级了，父母还寸步不离地监督他们写作业，只会引起孩子的反感，甚至是厌学。特别是对于能独立完成作业的孩子来说，就更不喜欢被人"监视"着写作业了。而且作业本来就有些重复、枯燥，若是过程中没有任何乐趣可言，孩子自然不愿意写，或是拖拖拉拉、敷衍了事。

还有一些父母，每当看到孩子被繁重的作业压得苦不堪言时，就生怕脆弱的孩子承受不起压力，影响他们的身心健康，于是便替孩子做一些作业。实际上，写作业是孩子，特别是小学阶段的孩子打根基的最好方式，父母代劳只会削弱这种根基，也会让孩子的学习积极性越来越差。

虽说当下"作业之痛"已成为一种社会之痛，但如果父母能把更多的精力和时间花在营造和谐的家庭氛围，给孩子树立良好的榜样上，不给孩子增加额外的作业压力，孩子或许并不像你认为的那么脆弱。

那么，孩子写作业时，父母又该怎么陪呢？

第一，生活中，有些父母望子成龙心切，一旦孩子不能如他们所愿写好作业，就会变得特别唠叨。有时还会将对孩子的埋怨上升为一场语言暴力，如"我都说了多少遍，你怎么还不会做""这都不会做，你还会什么"等。这种偏激的教育方式只会损伤孩子的自尊与自信。

为此，父母要认识到孩子写作业拖拉、注意力不集中的现象是很常见的。然而，越是出现这种情况，父母越不能寄希望于靠陪孩子写作业来立竿见影地解决问题。事实上，陪孩子写作业不仅对孩子的学业没有明显的积极影响，还特别容易让孩子养成依赖、拖沓、不自信、注意力不集中等坏毛病。

第二，对父母来说，相比陪孩子写作业，更应该引导并帮助他们从小养成良好的学习习惯。特别是在一二年级，父母要抓住这个培养孩子学习习惯的最好时机。

就是说，父母要让孩子认识到写作业是自己的事情，要学会对自己负责。父母需要做的是适时地对孩子的行为加以提醒和监督。比如，父母可以辅导他们熟悉各科作业的标准、规则。孩子掌握了作业要求后，若是再遇到难题，父母不要马上帮他们解决，或是指责他们，而是学会放手，鼓励孩子独立思考，养成独立写作业的习惯。待孩子完成作业后需要家长检查时，再提出自己的意见。

第三，父母要帮孩子认识到写作业的重要性，并养成放学回家后先完成当天作业再做其他事情的习惯。孩子除了要完成当天的作业，还要养成复习和预习的学习习惯。对于掌握得不够扎实的内容，父母要引导孩子认真巩固；预习时，要做到会提问题，并带着问题听讲。

第四，孩子还要养成自己整理书包的习惯，做到学科资料分门别类，相关学习用具整齐有序。因为有序的学习生活，可以让孩子的大脑变得更清晰，让孩子学习更专注，从而让学习效率事半功倍。

第五，父母除了要帮孩子养成良好的学习习惯之外，还要帮助孩子养成良好的学习情绪和状态。一个值得鼓励的方法就是，孩子成长的同时，父母也要自我成长。要想孩子成为什么样的人，父母自己就去做什么样的人。比如，孩子学一首古诗，父母就要提前准确地理解它的意思。在这种你超我赶的氛围之下，孩子会尝到许多进步的甜头。这样，孩子学习的成就感、学习的劲头自然也就越来越足。

孩子进入叛逆期，助力还是施压

叛逆几乎贯穿于孩子的整个成长过程，是孩子生理成熟和思维能力不断提高的表现。它就像是一颗等待萌生的种子，在孩子的内心蠢蠢欲动。对孩子来说，只有经过了这暂时的不和谐，心智才会慢慢成熟。这就好比毛毛虫只有经过破茧而出的蜕变，才能变成美丽的蝴蝶。

在孩子的一生中，会经历三个叛逆期。虽然每一个叛逆期所面临的问题各不相同，但父母面对叛逆孩子的态度与做法会影响孩子的一生。父母只有从内打破成人世界的专制与权威，不以"父母"的身份束缚、限制孩子，才能与叛逆期的孩子和谐相处。那么，父母该如何养育叛逆期的孩子呢？

第一个叛逆期：2 岁左右

第一个叛逆期出现在孩子 2 岁左右。此时，他们开始意识到自我的存在，明白"我"有自己的想法，"我"有自己的情绪，"我"能做很多事情。当大人要求他们服从的时候，冲突就产生了。此时的孩子会通过具体行动来证明"我"是对的，"我"是独立的。于是，说"不"就成了这一阶段孩子惯用的一个"武器"。

这一阶段的孩子凡事都想亲力亲为，以证明自己长大了。可是，由于他们的大脑发育尚未成熟，也不能准确地表达自己的想法，所以，他们一旦遇到想做却又做不好的事情，心里的挫败感就会导致他们乱发脾气。另外，这一阶段的孩子经常会一言不合就大哭大闹，其实他们只是希望父母能给予自己更多的关注和理解。不过，很多时候，孩子的所作所为在父母看来都是在无理取闹。

虽然第一个叛逆期又被称为"可怕的 2 岁"，但父母若是能意识到孩子是一个独立的个体，并接纳他们的感受与行为，不仅可以帮助他们顺利度过这一叛逆期，还可以让他们有所收获。为此，面对好奇心非常强烈的孩子，父母要给予他们最大限度的自由，尽早培养他们的独立性，将来他们才能学会独自面对这个精彩而纷扰的世界。

同时，父母要允许孩子自主选择。当孩子可以自主选择时，他们往往会对自己的行为赋予更多的责任，行动力也会更强。不过，对于原则性的问题，父母还是要守住底线，让孩子懂得规则的重要性。

第二个叛逆期：7~9岁

孩子到了7岁以后，会迎来第二个叛逆期。此时，他们开始了小学生活。面对全新的环境、全新的学习内容，觉得自己不再是个孩子了。同时，随着自我意识的进一步发展，孩子对自主、自由、独立有着更迫切的需求。而且这一阶段孩子的自尊心都很强，很多事情往往由着自己的性子来，跟父母的冲突也越来越多。

孩子的叛逆表现是他们独立思考的开始，也是心理健康的标志之一。对于孩子"不听话"的行为，如果父母仍然用说教、权威、恐吓，甚至是打骂的方式迫使他们"听话"的话，很可能会让亲子矛盾升级，导致孩子的叛逆期更长。

其实，对叛逆的孩子而言，他们最需要的往往不是理性的说教，而是来自父母的接纳和认可。为此，父母要谨慎评价孩子，不要随意指责、抱怨他们，或是给孩子贴标签，即使孩子做错了事，批评的时候也要做到对事不对人。父母也可以多让孩子参与家庭事情的讨论与决策，把更多的选择权交给他们，让孩子感受到你对他的尊重和信任。

第三个叛逆期（青春叛逆期）：12~18岁

这一时期的孩子经常会有这样一些表现：情绪极不稳定，不愿听从父母的意见；为升学而烦恼，成绩直线下降，厌学；不认同学校的正面教育；容易做傻事，带有明显的孩子气；早恋；网瘾；渴望找人倾诉，但又害怕被人了解……这些都是现实生活中父母教育的难点和痛点。

面对孩子做出的令人费解的行为，父母首先要尊重孩子，学会换位思考，有了共鸣之后，再进一步找出问题的症结。孩子到了青春期，大多具有明显的人格独立意识，拥有自己的想法和主张，父母要学会做一个安静的倾听者，对孩子的想法和见解给予足够的理解。

在学习上，不要只盯着孩子的分数，而是要看到孩子的整体变化和提升。也不要总拿别人家的孩子与自己孩子的缺点做比较，而是要发现孩子身上的闪光点，并给予恰当的鼓励与肯定。

处于青春叛逆期的孩子渴望独立，渴望证明自己的价值，特别在意自己的自主权和选择权。为此，父母要鼓励孩子多表达自己的想法。当孩子提出自己的要求时，要尊重孩子的选择和意愿，并给予足够的耐心和必要的支持。同时，由于青春期的孩子渴望拥有自己的空间，所以，父母不要随意侵犯孩子的隐私，而是要保持开放和接纳的心态，尊重孩子身心发展的规律。

Part7 教养的迷思

恰到好处的养育，助力孩子成为更好的"社会人"

　　每个孩子生来就具有某种特质，那就是在家庭以外、与同龄人共享的环境中，倾向于发展自己的某种人格。这就意味着，一个孩子长大以后会成为怎样的人，与他从小接触怎样的人、在怎样的学校读书以及处在怎样的环境皆有密切的关联。爱孩子的同时，也要教给他们关于社会的知识，助力孩子全方位发展。

朋友和玩伴：有效引导孩子的社交生活

人是社会的存在者，无论是成人还是孩子，都普遍存在一种倾向，即与他人建立联结，与他人团结协作，以及从社会的角度对自我进行客观的评价。下面就具体分析一下不同年龄段的孩子有着怎样的社交活动，以及父母应该给予怎样的教育。

1. 婴儿时期

一个婴儿从脱离母体的那天起，就开始做好了与人交往的准备。无论是饿了、尿床了，还是哭闹、无聊，他们都会主动跟父母或其他看护者进行社交互动。可以说，父母就是孩子最初的社交对象。

婴儿似乎天生就会通过各种方式让大人注意到自己的需求。比如，当他们看到自己想要却够不着的东西时，就会用表情示意父母帮他拿。这种最初的双向互动是婴儿一切社会交往的基础。为此，父母应该第一时间对婴儿的社交本能给予关注和回应，让他们在最初的社交接触中体验到快乐和满足。

2. 2岁左右

孩子在2岁或是更小的时候，还没有真正意义上的朋友。虽说他们身边会有从小一起长大的邻居、父母家族里的同龄小孩，但大多数时候都是各玩各的。在这一阶段，有些孩子会出现咬其他小朋友、抢别人玩具等行为，这都不是友谊的有效要素，而是与孩子自我意识的出现有关。

但关于分享这个问题需要父母注意。

孩子四五岁之前，他们的物品应当归自己所有，成人不能强迫他们分享自己的东西；等孩子四五岁时，他们的心理发展到了另一个层面，才愿意分享自己的物品；孩子六七岁时，才开始真正体会分享的乐趣。

3. 3~6岁

孩子3岁以后，友谊逐渐开始出现，虽然多数时候是父母有意安排的，并且持续的时间很短暂，但友谊的种子已经悄悄播下。之后，如果这段关系一直维持下去，孩子与同伴就会建立起真正的情感联结。

特别是在3~6岁这个阶段，孩子的身心会有很多令人惊异的成长与变化，对友谊和社会交往能力的需要，也会成为与其个人发展相应的正常部分。

这时的孩子正处于幼儿园阶段，面对全新的环境、全新的伙伴，他们渴望了解社会、了解社会规则，渴望学习社会行为的欲求非常强烈。于是，你经常会看到，无论是在幼儿园还是在家庭生活中，孩子都会表现出强烈的合作意识与合作行为。

在此时期，孩子与伙伴之间会形成牢固的友谊。

5岁之前，孩子更专注于某一个与其有着特殊关系的玩伴。

5~6岁时，孩子的交往形式不再是一对一，而是三个一群、五个一伙。在小团体中，孩子们彼此认同，相互表达喜爱之情，出现了情感上的依赖和沟通，形成了一种愉快、默契的人际关系。这为培养孩子的人际智能奠定了基础。

当然，与之相伴的还有相反的一面——同伴之间的排斥以及在此过程中痛苦的抱怨和泪水。这种问题尤其多见于三个孩子是朋友，而其中一个被排除在外的情况。

为了解决可能出现的分歧，成人需要教孩子学会思考自己及其他人的感受、彼此行为的后果，以及是否有更好的解决办法，从而逐步引导孩子积极面对问题，并学会自己解决问题。

4．中小学阶段

孩子升入小学、中学后，将面对新的师生关系和同学关系，他们的社会环境会得到空前的拓展，他们的交往对象——教师和同学，将在往后的生活中占据重要地位，并对他们的成长发展产生重要影响。

但在现实生活中，不少中小学生会表现出胆小、自卑、不合群、与外界沟通少、不愿意跟人交流等现象。之所以会有这些表现，一方面与社会关系发生了重要变化、孩子与父母的相处时间相对减少有关；另一方面，也与父母对孩子过于溺爱或是过于严厉有关。前者容易让孩子变得蛮横、孤僻，以自我为中心；后者容易让孩子抗挫能力差，产生自卑等心理。久而久之，交往恐惧就表现出来了。

为此，父母平时要平等地和孩子相处，涉及日常家庭事务时，要多征求孩子的意见。多带孩子走亲访友，或是让孩子主动邀请同学来家里做客。在选择朋友这件事上，孩子需要多跟和他自己性格不同或是互补的同学交往，也就是说，内向的孩子要多结识外向的同伴，被父母过分溺爱的孩子需要多和性格独立、自主的同学在一起。

另外，父母还要鼓励孩子积极参加学校的活动，如合唱团、运动队、自然小组等。

另外，孩子到了青春期，对异性会有天然的兴趣，父母要鼓励孩子多与异性同学群体交往。

父母最大的失职，就是没对孩子做好金钱教育

一直以来，金钱教育始终是中国家庭最绕不开的一个教育课题。但是受传统观念的影响，中国父母往往羞于在孩子面前谈钱，似乎一谈钱就会变得庸俗、功利。可是，残酷的现实却一再提醒父母：有多少孩子、多少家庭因为缺乏正确的金钱认识和教育，生活总是因金钱而烦恼，甚至因金钱而毁了人生。

生活中，你常会听到这样的事：有些父母为了鼓励孩子好好学习，或是激励孩子分担一些家务，用金钱作为奖励。短期来看，的确会取得很好的效果。可是持续一段时间后，如果父母突然宣布不再给予物质奖励，大部分孩子便会丧失继续努力的动力。

不管是学习知识还是培养生活技能，如果父母把给孩子零花钱当成一项交易，那么，孩子就会把理应自己做的事情当成一种功利

的工具。他们会认为只有有报酬的学习或家务才是与自己有关的，如果没有奖励就选择不做。

以学习为例，如果孩子小小年纪就为了获得物质奖励而牺牲兴趣，虽然会换来短期的自律，但是长远来看，孩子在学习上会变得越来越缺乏动力、内驱力，只会用金钱去衡量事情的价值。事实上，只有发自内心的兴趣才是最持久、最有效的动力。

现实中，你还会经常看到这样的场景：有些父母过惯了精打细算的日子，有了孩子后，怕孩子养成乱花钱的毛病，于是，在生活中总是潜移默化地向孩子灌输"穷"的理念，比如："这个挺贵的，咱们再看看别的。""上次不是给你买了吗？""父母赚钱很辛苦，等现在的不能用了再买新的。"……

不可否认，当父母语重心长地在孩子面前表现出对金钱的忧虑时，孩子会变得懂事并且节俭，但如果父母经常在孩子面前哭穷，甚至明明不缺钱，还找各种原因，特别是每当给孩子零花钱的时候，都要旁敲侧击孩子一番，久而久之，孩子很可能会变得自卑、敏感，觉得自己不配拥有零花钱，不配过更好的生活。

人活着就是谋求幸福与快乐的，如果父母总是把钱看得很重，恐怕孩子将来也会养成吝啬的习惯，或是虽然内心对金钱是渴望的，但却从来都不能安心地享受金钱带来的满足与幸福。无数事实也告诉父母：如果一个孩子长期被贫穷的观念束缚，那么，当他们带着这份匮乏感步入社会后，即使可以凭借自身的实力过得很好，也会因为不够自信，觉得自己不配拥有更高薪的工作或是更优秀的伴侣而错失很多机遇。对孩子而言，金钱应该是他们可以自由支配的财富，可以满足他们的愿望，并从中体验到积极向上的快乐。

那么，父母该如何对孩子进行金钱教育呢？

第一，教育家默克尔说："金钱教育是人生的必修课，是儿童教育的重心，就像金钱是家庭的重心一样。"特别是在当今这个时代，手机支付越来越方便，很多孩子很容易就能体验到买东西时的喜悦，却很难体验到赚钱的不易，对金钱几乎没有任何直观的感受。

为此，父母首先要告诉孩子，钱是从哪里来的，让他们理解金钱的意义，让他们了解买东西的代价。比如，父母可以带孩子去自己工作的地方看一看，让他们知道自己花的每一分钱都离不开父母付出的辛劳。

第二，当孩子明白了钱是从哪里来的以后，父母可以引导孩子做好"零花钱规划"，这其实也是在间接地培养孩子对未来生活的规划与管理能力。孩子升入小学后，父母便可以给他一些零用钱。具体金额可以根据家庭的经济状况和孩子的自制力而定，但每次的金额一定要固定。

第三，当孩子学会合理地使用零花钱后，父母还要引导他们建立正确的消费观和理财观。为此，父母可以让孩子准备一个记账本，记录下零花钱的收入和支出，并跟孩子一起归纳总结：什么地方应该花钱，什么地方的钱花得不值当。父母从小培养孩子有规划地使用零花钱的习惯，孩子才能学会什么是需要且必须买的，而不是肆意挥霍。

总之，对孩子进行金钱教育，目的是让孩子明白金钱的概念，学会有计划地花钱，并在这个过程中，培养孩子独立自主的意识。

拉回迷失在网络世界的孩子

当今社会，网络世界给我们的生活带来包罗万象的信息、逼真的网络体验以及丰富多样的娱乐活动。对孩子来说，网络已经成为他们了解最新资讯、学习新鲜事物、丰富业余生活的重要方式。

但面对孩子上网成瘾的问题，比如长时间面对屏幕、沉迷网络游戏等，很多父母也是心急如焚。其中，最让父母担心的问题就是网络游戏、网络上的低俗内容会对孩子造成不良影响。很多父母一看到孩子把自己关在屋里，就开始胡思乱想："他会看到不该看的信息吗？""沉迷于虚拟世界，孩子会不会远离现实中的人际交往？"

网络世界到底有什么魔力，会让孩子如此痴迷呢？事实上，孩子之所以沉迷其中，主要是因为他们的一些心理特性可以通过网络得到满足。

孩子对周围的事物总是充满好奇，而网络上的信息丰富多彩，可以极大地满足他们的好奇心和求知欲。每个孩子都希望得到别人的肯定，特别是当他们的成绩不够优秀、与伙伴相处不够融洽、情绪非常低落时，网络世界就可以大大满足他们自我实现的需求。另外，对于青春期的孩子来说，由于他们正处于性心理懵懂的时期，对异性充满好奇，网络这个相对开放的空间，可以让他们的性心理需求得到满足。

此外，还有一些外力也会将孩子一步步推向网络。调查发现，90%的网瘾少年来自夫妻关系不和睦、亲子矛盾频发、人际关系紧张的家庭。另外，有些孩子学习成绩明显下滑，挫败感强烈，而父母又没能及时给孩子提供情绪上的辅导和协助，也会导致他们到网络上去寻求慰藉。

那么，面对沉迷网络世界的孩子，父母该怎么引导呢？

第一，父母要以身作则，在自我约束方面做好榜样，积极丰富自己的生活，不再成天沉迷于网络世界，不再总是对玩游戏的孩子大声训斥。耳濡目染之下，孩子就会明白，生活并不是只有网络，阅读、运动、结识新朋友、亲近大自然、学习新技能……这些都是生活的乐趣所在。只要父母愿意以身作则，孩子自然能学会平衡上网与其他活动的时间。

第二，对于那些处于青春期，或是每天长时间沉迷网络世界的孩子，很多父母经常这样训斥："不许再玩电脑（手机）了！""从今天起，每天玩电脑的时间不许超过一个小时。"这种严厉禁止、下命令的管教方式很容易激发孩子的逆反心理，破坏亲子关系。时间久了，孩子对父母就会充满怨恨，与父母保持距离，有的甚至还可能走上弯路。

为了与沉迷网络的孩子保持和谐的亲子关系，父母可以这样说："我知道学习了一天，你也很累，玩电脑会让你感觉放松一些。但你知道吗？看到你每天长时间玩电脑游戏，我很担心。我知道你喜欢玩游戏，但除了游戏之外，你还喜欢做些什么呢？……要不我们一起约定一下玩游戏的时间？"

父母都希望孩子能有一个积极向上的兴趣爱好。在这段对话中，表达了父母对孩子的关爱与理解。同时，父母询问孩子的兴趣爱好、如何安排上网时间，也是在逐步引导孩子学会安排自己的生活。令人欣慰的是，父母始终没有拿成人的权威来压制或是管控孩子，也没有枯燥地讲一堆大道理。有了这样的基础，亲子之间就会逐渐建立起沟通的桥梁，信任感也会随之建立。

第三，在孩子的成长过程中，父母应当对含有青少年不宜内容的电影、电视剧或是网络游戏保持警惕。因为这些充满暴力、犯罪、吸毒、色情等不良内容的影像会对孩子的大脑发育和行为产生负面影响，含有暴力内容的影像还可能引发孩子的攻击性行为。

特别是对于大脑发育尚不成熟，不具备完全辨别事物能力的孩子来说，一旦头脑中储存了大量类似这样的恐怖画面，很可能会变得非常焦虑，或是模仿那些暴力的语言和动作。某些激烈的场面或具有攻击性的情节还会让孩子感到惊慌失措，导致孩子意志消沉，不利于力量和勇气的培养。

性：需要审慎处理的重要问题

近年来，随着越来越多未成年人性侵事件暴露在大众面前，大家对性教育的重视程度也越来越高。在性教育这件事上，父母首先要有一个正向的性观念。

婴儿从出生起，一旦他们有能力，就会触摸自己的身体，或是把任何可以放入嘴里的东西进行吮吸，这些动作会带给他们一种愉悦的感觉。当父母触摸婴儿的身体时，婴儿会因为得到温柔的拥抱和爱抚而感到快乐和满足。可以说，婴儿从一出生，其性意识就开始形成了。

到了2~3岁，不管是男孩儿还是女孩儿，对身体都有着浓厚的兴趣。他们经常一边观察生活，一边好奇地发问："妈妈，我发现有的小朋友长了小鸡鸡，有的小朋友没有长，为什么？""为什么爸爸的'奶'和妈妈的'奶'不一样呢？"有的孩子还会认真地思考，然后说出自己的想法。

其实，这是孩子性心理发展的一种正常表现，毕竟孩子一出生就知道饿了要找"奶"吃。吮吸乳头是很自然的事情，是生命的原始本能。为此，父母大可不必遮遮掩掩，完全可以借此机会，大大方方地告诉孩子："这叫生殖器，是区分男人和女人的第一性别特征。"

这也提醒父母：一旦发现孩子对性产生好奇，想要知道更多与性有关的知识，说明孩子到了接受性教育的时候。父母回答孩子提出的性问题时，应该使用正统的名称、规范的表述，一两句话就可以，不必长篇大论。如果孩子认为父母可以信赖，他们还会提出更多相关的问题，父母可以根据孩子的理解水平来回答。

个体心理学认为，在孩子2岁的时候，父母就应该告诉他们的性别是男孩儿还是女孩儿，并向孩子解释清楚，男孩儿长大后会成为男人，女孩儿长大后会成为女人，性别是不可以更改的。

有的孩子即便到了5岁，对人体仍然有着浓厚的兴趣，尤其好奇自己与异性的生殖器官，这意味着孩子开始认识真正意义上的"人"了。很多时候，即便是同一概念，就像生殖器官，孩子的理解和成人的理解也完全不一样。在很多成人的眼里，这一概念很可能会涉及一些世俗或是伦理道德的看法，而孩子只是在客观地认识世界、认识人体，不带有任何的感情色彩。这种早期的认识能使孩子学会坦然地接纳自己、爱自己。

在这个过程中，有些父母总是喜欢把男孩儿当成女孩儿来教育，或是把女孩儿当成男孩儿来教育，结果引得周围的人经常混淆孩子的性别。父母这样做，会使孩子陷入困惑，而这一困惑原本是可以避免的。

当孩子了解了自己的隐私部位后，父母还应教孩子学会自我保护，让孩子知道哪些触摸是可以接受的行为，比如来自爸爸妈妈的亲吻，亲友之间友好的拥抱，老师或家人出于鼓励对自己拍肩或是摸头等。还要告诉孩子哪些触摸是不可以的，比如，任何人对其隐私部位的触摸，来自他人的亲吻等。一旦遇到后者，要敢于大声地说"不"。除了让孩子知道每个人的身体都属于自己，别人不能触碰之外，也不能随意触碰别人的身体。

随着孩子的长大，他们希望了解到更多与性有关的知识，特别是青春期的孩子经常会被性的问题困扰，想要得到对自己有帮助的答案。为此，父母应该鼓励孩子诚实地对待性的感觉，倾听他们的需要，并且告诉孩子不要觉得自己已经长大就急于陷入某种关系或是发生性行为。

有些青春期的女孩儿会过分看重与异性的关系。这些女孩儿平时被父母过分管束，一旦与父母发生激烈的争吵而离家出走，为了发泄对大人的不满，就很可能和男生发生性关系。

出现这样的后果与父母对子女的教育方式有很大关系。为了让女孩儿成为"好孩子"，有些父母对女孩儿总是严加管教。讽刺的是，父母自以为很懂孩子、很爱孩子，却因为未能帮助女孩儿学会面对自己的情绪，对女孩儿过度保护、过度溺爱，结果，在面对青春期的诱惑时，女孩儿完全不具备自我判断能力和自主能力。

性教育不仅仅是跟孩子解释有关性的生理知识这么简单，它还涉及孩子是否对爱和婚姻有正确的态度。只有得到孩子信任的父母才能在青春期这个关键时期继续引导他们。为此，父母应该让孩子知道，爱不仅仅是感情与激情，还是一个整体的系统，包括态度与一系列的行为，当爱的人与被爱的人的生活得到升华，爱才是理智而美好的。

生命教育，每个孩子都不能缺失的一堂课

作为父母，无不希望自己的孩子能够健康快乐地成长。可是，现如今，很多家庭在养育孩子的过程中，以成功代替幸福快乐、以成绩代替成长的错误导向非常严重，而孩子的感受、情绪、爱好以及成长中的各种烦恼和问题却极易被父母淡化和忽视，结果导致很多孩子不知道自己喜欢什么、想要什么，看不到生命的意义与价值。这种以剥夺孩子生命力为代价的"功利"教育，只会让孩子变得麻木，甚至走上不归路。

一份调查数据显示，在未成年人中，数千万人有各种情绪障碍和行为问题的困扰。很多孩子不善于保护自己，不会处理负面情绪，不会解决冲突，不知道活着的意义和价值，甚至有不少年轻而鲜活的生命早早地就离开了这个世界。

这些事件让人感到揪心、痛心的同时，更令人深省：作为父母该如何对待生命？又该如何对当今的孩子进行生命教育？

无论孩子处在生命的哪个阶段，父母都应该让他们明白：生命只有一次，每个生命都是独一无二的，每个生命都有着无限的可能。生命教育是一个整体，涵盖了一个人从出生到死亡的整个过程，关乎人的成长与发展，关乎人的本性与价值。

孩子三四岁时，开始问"我是从哪儿来的"；六七岁时，对"什么是死亡"好奇又恐惧；十二三岁时，想知道"我将去向何处"；到了二十多岁，又开始思考"我是谁"。可以说，生命教育是关乎孩子一生的事情，每一个阶段都是父母引导孩子寻找生命意义的关键契机。

可是，当孩子天真地说自己是从垃圾桶里捡来的、从石头缝里蹦出来的……其背后往往隐藏着他们对生命源起的无力感。当一个深受数字媒体影响的孩子尝试以自杀的方式追求"穿越"时，恰恰反映了他在安全感上的缺失。

当今这个时代，几乎所有父母都在全力以赴给孩子更好的教育，一刻也不敢怠慢地陪孩子奔赴在通往美好未来的路上。但是每个生命都有其内在的需求，都有其活在这个世界上的意义和价值。每个生命来到这个世界都有其自己的使命，而它最大的使命就是成就生命。这就好比一个鸡蛋，从里面打开是生命，从外面打开则是食物。

那么，在孩子成长的道路上，父母该如何做好孩子的生命教育呢？

第一，父母应该鼓励孩子探究生命的话题，在不断摸索、体验的过程中，让孩子真实、客观地感知生命。一个孩子只有对生命存在最基本的敬畏与尊重，才能获得成长的原动力。

第二，父母要学会遵从生命的规律，善于激发孩子的好奇心和兴趣，支持孩子将自身的生命动力注入他们喜欢且有意义、有价值的事情上。这样，生命在持续动力的推动下才能永远保持积极的状态。

第三，成长路上不可避免地会出现一些苦难与挫折，特别是对于被父母管束太多、缺乏自由的空间、自我价值感低、不敢表达自己的意见、做事缩手缩脚的孩子，一旦他们被批评、考试成绩不理想、需求不被满足，或多或少都会表现出对生命不负责任，对生活消极无望的态度与行为。

这时，父母要告诉孩子：生命本身就是在不断地试错中进行自我蜕变的。当孩子正经历某种挫折时，父母一定要第一时间和他站在一起。你的倾听、理解与陪伴，都是在为孩子下一段生命的成长积蓄能量。特别是对于那些处于弱势、边缘的孩子，父母对其的态度，无论是对孩子的学业发展还是生命成长都有着重要的影响。

第四，生活中，父母要支持并鼓励孩子多体验、多参与各种活动，不断积累自身的能力；帮助孩子从心里认识到"我能行""我可以做到"，以增强他们的自信心，提升他们的自我价值感，知道自己想要什么，知道自己为什么而活。同时，父母不要体罚孩子。身体是生命的载体，父母习惯性体罚孩子，只会让他们觉得自己的身体不重要，觉得别人可以随意侵犯他们的身体，这样还何谈珍爱自己的生命？

要想让孩子幸福成长，就不能缺失生命教育这一课。最好的状态就是赋予孩子充沛的能量，让他们经得起风雨，也能在阴霾中找到希望之光。

Part8 全新的家庭系统

重建父母与孩子之间亲密的桥梁

　　每个人都是一个独立的个体。但是当个体置身于家庭中时，每个家庭成员就会在家庭中扮演特定的角色，承担不同的责任，彼此相互影响，形成一个紧密联结的系统。然而，"家家都有一本难念的经"，当亲密关系破裂时，父母有必要采取措施，及时重建与孩子的联结。

多子女家庭，如何爱才能平衡

现如今，多子女家庭日益增多，尽管多一个孩子多一份欢声笑语，但来自孩子之间的分歧与冲突还是让很多父母倍感焦虑。虽然每次你都希望能够平等地对待每个孩子，但是，无论你怎么努力，还是经常被孩子们抱怨"这不公平"。在多子女家庭里，没有什么比小心翼翼的公平更弄巧成拙的了。

在这样的家庭关系中，父母不再是孩子互动的唯一对象，孩子还会和自己的兄弟姐妹互动。孩子在家庭中的社会性行为不仅会指向父母，还会平行地指向自己的兄弟姐妹。对父母而言，除了要调整自己和孩子的关系，还要将相当一部分时间和精力指向孩子们之间的同胞关系，同时也要教孩子学会处理与兄弟姐妹之间的关系。

举个例子，如果你的一个孩子突然表现得叛逆、不合作、情绪不稳定，很可能意味着你需要和他共度一段一对一的特殊时光。每个孩子都是独一无二的，都希望以某种独特的方式得到父母的爱。尤其是生在多子女家庭的孩子，这种诉求会更为明显。

这时，父母不能再坚持刻板的一人一半的观念，而是要给予不同的子女不同方式的爱与理解，用适合孩子年龄和心理需要的方式陪伴他（她）。这也意味着，也许你需要每天晚饭后抽出半小时跟叛逆期的孩子单独散散步或聊聊天，也许你需要每天花数小时，甚至是更多的时间照顾一个婴儿。显然，这是父母和每个孩子都能建立联结的好方法。

同时，在多子女家庭中，教孩子如何面对与处理兄弟姐妹之间的分歧与冲突，也是很多家长格外关注的一个问题。受传统文化的影响，很多成人会认为，兄弟姐妹本就源于同一血统，理应和睦相处。其实，在这样的家庭里，无论是早出生的孩子还是晚出生的孩子，都有很大的压力。

当家中排行第一的孩子还是独生子女的时候，俨然就是全家的"小皇帝""小公主"。当昔日的"老大"有了自己的弟弟妹妹以后，难免会产生父母的爱被弟弟妹妹分走的感觉，而他原来的中心位置也会接连受到挑战。

随着孩子们的成长，手足之间时常会发生钩心斗角、矛盾冲突。越是这种时候，父母越不能以兄友弟恭、孔融让梨的想法来教育孩子。事实上，这些丝毫不顾及孩子情绪的所谓道理，不仅不能很好地处理孩子们之间的风波，也很难培养他们的交往能力，无法促进他们心理的积极发展。

那么，在多子女家庭，父母该如何平衡对孩子们的爱呢？

第一，父母要学会以平常心看待兄弟姐妹之间的分歧与争夺。孩子在探究彼此之间的关系、了解更广阔的世界时，不可避免地会扭打在一起，这是成长的必经之路。尤其是兄弟姐妹之间因争夺父母的爱与关注而造成的冲突，更是他们学习关于友谊、关于社会交往的重要一课。

第二，当父母面对两个或是多个孩子之间的冲突时，千万不要急着动怒，也不要急着长篇大论，更不要充当孩子们的"法官"。如果你很生气，那就先让自己冷静一下：深呼吸，或是找个安静的地方待会儿。你要相信孩子，给他们一点儿时间去抒发、去反应、去解决。

第三，如果孩子们为了争夺父母的爱与关注而大吵大闹，甚至到了不可忽视的地步，可以试着给他们每人一个大大的拥抱，并温和地说："我知道你们都想得到我的拥抱，但是下一次，要好好表达，而不是相互伤害。"

第四，经过一段冷静期后，父母可以问孩子们一些启发式的问题，并耐心地倾听孩子们的表达。比如："当你打弟弟的时候，发生了什么？""这让你有什么感受？""你觉得怎么做才能让你和姐姐感觉好起来？"……这些问题不仅能帮助孩子弄清楚发生了什么，知道要为自己的行为承担责任，还能学会识别并说出自己的感受，并且以后遇到类似情形时，知道怎样解决问题。

第五，在冲突的过程中，如果父母担心孩子们会损坏物品或伤到自己，那就和善而坚定地抓着孩子，让他们不能继续扭打或是乱蹬乱踢。在这个过程中，父母不要试图用吼叫或威胁的方式制止孩子的言行，而要始终耐心地陪着孩子，直到这一刻过去。

在多子女家庭中，分歧和冲突永远都不可避免，教孩子学会以相互尊重的方式处理关系和问题，就是在帮助孩子为今后更幸福的生活和更融洽的人际关系铺路。

以尊重为前提，轻松化解隔代分歧

现如今，隔代抚养已成为很多家庭的抚养模式，尤其是在外部环境、社会现实的压力下，孙辈的抚养更是离不开祖父母的帮忙。祖孙关系作为各种家庭关系中的一种，和其他家庭关系一样，对所有家庭成员都有着最持久、最深远的影响。

而且，随着我国人口老龄化、传统家庭结构变迁等现象逐渐凸显，祖孙关系的重要性被越来越多的人重视。现在，祖孙关系已成为家庭关系中不可忽视的一种关系，它直接关系到家庭的和谐与幸福。

然而，由于祖孙关系的特殊性，祖父母与孩子的情感终究不同于父母与孩子的情感。现代心理学研究表明，孩子对父母的依恋是其他任何关系都不能替代的。如果孩子从小就由祖父母带大，和自己的亲生父母缺少亲密的互动，他们就会经常有这样一些疑虑："为什么别人家的孩子每天都能看到爸爸妈妈，我却不能呢？""为什么爸爸妈妈不在我的身边，我是哪里做错了吗？""我是不是没有别人家的孩子优秀？"……这种挥之不去的不被父母重视的感受总会让孩子脆弱的内心产生强烈的自卑感和自我厌恶感，即便成年后，也会因情感疏离而产生人格上的偏差，出现心理问题。

与此同时，祖父母与孙辈的相处时间越长，越可能给祖孙之间、祖辈与父母之间、父母与孩子之间的交流和接触带来新的问题与困扰。

毫无疑问，谁也无法阻止隔代之间亲密的关系。特别是在父母缺位的家庭，祖父母与孩子的关系更多是一种爱的纽带，是父母爱的一种补充。孩子有权利发展自己与祖辈的关系，父母也不应试图控制这种关系的发展。

可是，在现实生活中，大部分家庭往往会在养育孩子的问题上出现祖父母与父母意见不一致的情况，甚至为究竟哪一方才是正确的而争执不休。这时，又该如何化解这种分歧呢？

第一，当祖父母与父母对于某一问题意见相左时，任何一方都不妨先假设另一方的初衷是好的。毕竟有谁愿意总是受到他人的埋怨与指责呢？有谁愿意总是与埋怨自己的人相处呢？相比埋怨，双方不妨将自己的注意力集中在积极的一面。比如，尽力发挥各自在家庭中的特殊作用，努力创造和谐的相处方式。

无论是祖父母还是父母，都请记住：能滋养彼此关系的，永远都是爱而非一味地索取与期待，并且最恰到好处的爱一定带着尊重与理解。孩子只有在一个充满爱的家庭中，才能真正地幸福成长。

第二，对祖父母来说，对孙辈的态度应该基于爱与指导的角色，对孙辈的养育要保持一定界限。即便不认同自己孩子对孙辈的教育理念，也要相信并支持他们，毕竟这是最起码的尊重。虽然祖父母有着丰富的教育经验，但这并不一定适用于对孙辈的教导。

第三，如果祖父母对孙辈的管教越界，总喜欢提出一些缺乏科学性、合理性的养育建议，父母就要委婉地拒绝。不过，由于忠告向来不太受欢迎，所以措辞一定不能听起来像批评。更何况同所有人一样，祖父母也会不可避免地出现一些小失误，抑或是行为正处于越界的边缘也不自知。也许祖父母并不确定该做什么或是不该做什么，这时，让他们知道如何更好地给予孙辈帮助反而更为重要。

第四，祖父母若是听到孙辈抱怨父母，也一定不能偏袒，更不能帮着孙辈批评他的父母。否则，很可能会越帮越乱。真正的界限感应该是带有温度的，并且充满尊重与信任的，而不是过于武断，过于坚持自己的某些看法。

在孩子的养育问题上，没有任何一位家长可以做到完美，祖父母也不例外。孩子的成长需要父母，而祖父母的世界离不开自己的孩子及孙辈。在一个家庭中，无论彼此之间的关系是远是近，都需要通过时间的考验，让每个人成为彼此生命中的一部分。

重组家庭的继父母与孩子怎样相处，才能无伤害

随着离婚率的不断攀升，如今重组家庭在生活中已经很常见。当离异的一方与有过婚史的另一方共同组成一个新的家庭时，这个全新的家庭不仅有夫妻，可能还有各自的孩子。对这些重组家庭来说，不得不面临的一个问题就是重组家庭的继父母如何与孩子相处。

生活在这些重组家庭中的很多孩子或多或少会有一些排斥继父母的表现。如果这些孩子的负面情绪不能及时得到缓解而长期积聚在心头，就很容易出现孤僻、自卑、敏感、忧郁、排外等问题。对于这些孩子来说，原生家庭的破裂已经让他们遭受过一次心理创伤，而家庭的重新组合无疑会成为孩子人生中的又一重大变故。在重组家庭中，夫妻双方不仅要建立信任，更要直面和探讨彼此与双

方孩子的关系。

重组家庭的"融合"从来都不是一个简单的磨合，所面临的挑战远比初婚家庭要多得多。重组家庭的结构比初婚家庭的更加复杂，重组家庭的人际关系也比初婚家庭的更微妙、更难处理。即使大家生活在同一个屋檐下，即使多数时候日子过得还算风平浪静，但不知何时冒出的一个极小问题，都可能使矛盾一触即发。

作为重组家庭的父母，在你想组建这种家庭之前，一定要做好心理上的准备。认真思考一下，自己是否能做到真心地接纳、关心与照顾对方的孩子。相比原生家庭带给孩子的破裂体验和负面影响，重组家庭中可能存在的纷争、压抑以及氛围沉重的家庭环境等问题，往往是孩子日后出现心理创伤的真正根源。为此，继父母在重获幸福婚姻的同时，一定要与孩子建立良好的亲子关系。

具体来说，重组家庭的继父母该如何与孩子相处呢？

第一，真心对待孩子。家庭关系良好，才是最好的教育。很多时候，新家庭刚组成时，由于家庭中的各个成员没有共同的家庭历史或是一致的为人处世方式，有的还可能存在不同的信仰、不同的生活习惯以及不同的相处方式等，对此，很多继父母感到困难重重，虽然一直努力像对待亲生子女那样爱护对方的子女，但其中的度却很难把握。对孩子过于宽容，配偶会认为自己不上心；对孩子稍加严管，配偶又会抱怨自己太严苛。

有时候，在做继父母这件事上，宽仁慈爱，并不一定能得到美好的结果。但人都是有感情的，只要你能够真心实意地接纳对方及对方的子女，设身处地地为孩子着想，用正确的方法教导孩子，同样可以获得孩子的尊重、信任，重建和谐的亲子关系。

第二，抛掉期待，更有利于重组家庭的良好成长。很多新结合的夫妇常常一边介意配偶对他（她）自己的孩子更好，一边又偏心自己的孩子。一旦这样的衡量、比较多了，日子难免就会过得剑拔弩张，夫妻无法同心，家庭不能和睦。

其实，重组家庭一定要明白两个字，即"界限"，不要对配偶产生超出范围的心理预期。毕竟你的孩子本来就不是配偶亲生的，而配偶的孩子也不是你亲生的，让彼此像亲生父母一样去对待对方的孩子，这种期望显然过高了。

虽然不排除有的夫妇能对继子女视如己出，但得允许偏心的存在，并接受这是很正常的事。凡事都有一个磨合期，更何况重组家庭关系的维系本来就是一个艰难的过程。不逼着配偶接纳自己的孩子，也不因配偶的孩子不接纳自己而生气，正视人性的弱点，抛掉所有的期待，不再道德绑架，反而有利于重组家庭的良好成长。

第三，虽然是重组家庭，但所有成员的家庭地位都是平等的。特别是在做任何决定时，都不能将配偶的孩子划在家庭之外，一定要从实际情况出发，权衡利弊，让每一位家庭成员都有机会表达自己的想法与感受。对这些重组家庭的孩子来说，尊重与理解往往比血缘更加重要。

第四，如果重组家庭的孩子处于不同的年龄段，那就用不同的方式与之相处。若是孩子尚且年幼，那就用真诚的爱去接纳他、关注他。毕竟孩子也是有感情的，你对他好，他自然会感恩你。若是孩子能够明事懂理，就一定要设身处地地理解他的感受，并向孩子表示出你的态度和决心：希望能和他成为朋友，一同建设你们的快乐新家庭。

单亲家庭的孩子，怎样过好这一生

　　近年来，随着社会结构、家庭结构的多元化发展，传统家庭会因为各种因素而成为单亲，如夫妻离婚、分居，配偶一方死亡，未婚爸爸或未婚妈妈独自抚养儿女，等等。单亲家庭除了会给夫妻双方带来巨大的伤痛，还会给孩子的心理带来极大的伤害。

　　很多在单亲家庭长大的孩子会面临自我怀疑和认同困难的困扰，特别是在他们很小的时候，常常无法理解"为什么我在单亲家庭长大"，还要无奈地忍受周围人异样的眼光和扎心的偏见，诸如"不要和单亲家庭的孩子交朋友""单亲家庭的孩子从小缺乏父母的爱"。甚至，就连他们的单亲爸爸（单亲妈妈）也倍感焦虑："没有了妈妈（爸爸），孩子的性格会不会变得内向，交不到朋友？""失去完整的家庭，孩子会不会被同学排挤，遭到校园欺凌？"

在单亲家庭中，如果主要抚养人总是当着孩子的面痛苦地陈述之前的恩怨，更会让原本就非常敏感的孩子陷入深深的困惑与痛苦之中。一旦这些敏感、自卑的孩子经受不住内心的压抑与痛苦，就会寻求情感上的补偿。他们可能会通过沉迷网络、追求刺激等方式来获得心理上的满足，学习必然会受到一定的影响。

显然，对单亲父母而言，除了要面对大多数爸爸妈妈都会经历的养育挑战，还要肩负起独力支撑一个家庭的重任。在这其中，最难、最迫切的任务就是减少单亲家庭带给孩子的伤害。

孩子也是婚变中最无辜的一方。在孩子的成长路上，父母任何一方的缺失都是一种遗憾，这是父母和孩子都必须要面对的事实。但是，家庭形式的不完整并不意味着不能教育出身心健康的孩子。研究发现，相比在不和谐的家庭中长大的孩子，亲子关系良好的单亲家庭的孩子长大后反而生活得更好。

那么，单亲家庭的父母应该怎样做，才能让孩子过好这一生呢？

第一，当单亲已成事实，父母中的任何一方都不要给自己施加过多道德上的愧疚感，也不应出于内心的歉疚而加倍地补偿孩子，这样反而会成了溺爱。无论生活有多糟糕，孩子需要的是能够活出自己的精彩人生，以及能带给孩子安全感的父母。

第二，选择单亲生活，就意味着孩子无法和亲生父母中的一方朝夕相处，为此，父母双方一定要做好心理准备。同时，父母要把孩子的需求放在首位。除了要承认孩子对夫妻中的一方有着浓厚的感情，陪伴孩子共同消化父母分离带来的影响，与孩子在一起的时候，也要尽情地享受快乐的亲子时光。

同时，父母要告诉孩子，即便爸爸或妈妈不在他的身边，心也永远都和他在一起。对于年幼的孩子，可以定期送他们一些有意义的礼物，让孩子在这些替代品身上寄托对自己的感情。

第三，当家庭关系走向无法补救的局面时，父母一定要告诉孩子：这不是他的错。同时，单亲父母中的任何一方要尽量修复自己和之前的配偶以及对方家庭的关系，放下曾经的恩怨，放下指责。在探视频率和时间的问题上，双方要尽可能尊重孩子的生活安排和双方的意愿，协商一致，避免一意孤行。

第四，当单亲父母发觉周围人以异样的眼光看待自己的孩子时，一定要认真地告诉他：和完美无缺的原生家庭相比，世界上还有一种更强大、更能够带给他幸福快乐的力量——就是对自我的觉察、不拒绝改变，以及自我心灵的成长。

如果一个单亲孩子在生活中能够学会反省自己，肯定独一无二的自己，"原来我这么能干，只是父母没有看到"，那么，随着不断成长，他往往能积极面对原生家庭造成的伤害。孩子若是敢于改变和突破自我，自然能涅槃重生。

关爱留守儿童，愿他们的心灵不再孤单

在我国社会经济转型和城市化进程的过程中，越来越多的农村劳动力涌入城市，留守儿童的现象越来越普遍，已成为诸多家庭无法回避的一个问题。

很多留守儿童的父母一方或双方在孩子的成长过程中长期缺席，家庭成员分散居住，生活于城市与农村多地。这不仅导致家庭结构发生急剧的变化，也导致养育孩子的方式产生巨大的变化。从更广泛的视角来看，家庭成员在生活上的彼此分离已经成为一种常见的形态，这种不完整的家庭结构在导致亲子关系割裂的同时，也对留守儿童的成长带来巨大影响。

在留守期间，孩子基本是和年迈的祖父母、外祖父母或其他亲友生活在一起。监护人由于自身能力有限，往往不能给予孩子足够

的爱和关注，无暇顾及他们的情感变化，较少介入他们的心理健康问题，而且很难有效介入他们的教育。

留守儿童接触的教育资源一般较为匮乏，家庭养育方式又简单粗暴，在这种长期的放纵和溺爱下，他们很容易出现自私任性、逆反心理重、偏执敏感、缺乏自信、焦虑自闭等性格问题。

那么，父母该如何做好留守儿童的家庭教育呢？

第一，俗话说："养不教，父之过。"作为留守儿童的父母，即使不能与子女在一起生活，也要树立正确的教育观，让孩子明白家庭中的代际关系与责任分担。

父母每次回到家，要自觉地示范父母的形象，多表达对孩子的爱、支持、鼓励和肯定。虽然久别重逢可能会让留守儿童有一种熟悉的陌生感，但是血脉亲情，父母的形象对孩子的健康成长永远都是一种"随风潜入夜，润物细无声"的浸染。

第二，由于留守儿童长期缺乏来自父母的关爱、呵护与教导，很容易产生自卑、烦躁等情绪，容易变得孤僻，出现厌学、逃学等行为偏差，甚至误入歧途。因此，家长要高度重视留守儿童的心理健康，密切关注孩子的心理状态。

闲暇时，父母应多陪孩子玩游戏，帮助他们学习新知识，发展新技能；参与孩子的作业、爱好和社交活动；协助孩子解决问题；多和孩子聊聊天，分享他们在学习、生活中的成长与进步；主动向任课老师了解孩子的学习情况，特别是情感上的变化；为孩子的前途、未来、人生目标着想，让孩子真切地感受到父母对他们的关爱与呵护。

第三，夫妻之间一定要互爱、和睦。爸爸疼爱妈妈，妈妈欣赏并推崇爸爸，就是对孩子最好的爱。良好的夫妻关系就好比是定海神针，就算日子过得再艰难，孩子也会乘风破浪、无畏成长。同时，父母积极的人生态度、认真的做事风格、对工作的责任心，也会为留守儿童的成长提供正向动力和榜样。

第四，由于留守儿童的养育状态大多以隔代抚养为主，因此，祖辈作为家庭教育的潜在力量，其积极作用也不可忽视。如果祖辈能够悉心呵护并留意留守儿童的心理成长状况，同样可以弥补父母在外对子女教育的不足。不过，祖辈对孙辈的管教不能像当初管教自己的子女那样简单粗暴。无论何时，父母都是家庭教育的核心力量，不能完全将孩子交给祖辈照顾，对孩子的成长及存在的问题不管不问。

从孩子出生的那一天起，父母无不希望他们能够健康快乐地成长。但是，在孩子成长的过程中，许多父母却经常对自己的孩子感到束手无策。特别是当父母发现无论自己怎样努力也不能培育出自信、积极、举止得体的孩子时，更是焦虑不已。

可是，即便父母心里无数次祈盼："今天一定会是和谐的一天，没有吼叫，没有争斗。"但父母和孩子之间仍然经常充斥着无休止的冲突。

养育孩子是世间唯一无法辞掉的工作。在这段充满未知与憧憬的旅程中，就如父母的样貌对孩子的影响一样，父母对待生活、婚姻、工作以及人生的态度，也会影射到孩子身上。

在父母的人生态度里，就藏着孩子未来的模样。父母若是能放下手机，和孩子一起围坐餐桌，孩子自然能感受到弥漫在家中的温馨与安宁；父母若是坚持锻炼，汗如雨下，孩子的欢声笑语也会洒满操场；父母若是博览群书，孩子也会捧书读得如痴如醉……

为人父母，你的格局就是孩子最佳的起跑线。你若活得丰盈，孩子自会内心富足；你若保持成长，孩子必定积极向善。父母的格局有多大，孩子的人生就有多绚丽。

然而，养育孩子光有爱是不够的，洞察力也是胜任这份工作的重要条件。事实上，真正有格局的父母已经不再把所有的劲儿都使在孩子身上，而且那些以孩子为中心的养育之道只会让更多的父母因用力过猛而更加紧张、焦虑。到头来，仍然是无数的孩子在崩溃与坚持的边缘挣扎。

本书提出的"格局养育"观念清晰地指出它对孩子的成长将起到的作用，并且告诉父母如何树立格局养育观。愿每一位父母都能从这本书中获得启发，也愿每一个孩子都能因这本书而获得更好的成长。